"十四五"职业教育国家规划教材

汽车配件营销
（第2版）

主　编　申荣卫

北京理工大学出版社
BEIJING INSTITUTE OF TECHNOLOGY PRESS

内 容 简 介

本书根据汽车类专业教学标准及从事汽车职业的在岗人员对基础知识、基本技能和基本素质的需求，结合汽车专业人才培养的目标，重点介绍汽车配件基础知识、汽车常见易损件及常用材料、汽车配件订货管理、汽车配件仓库管理、汽车配件营销、汽车配件市场调查与市场预测、汽车配件索赔、计算机管理系统在汽车配件营销中的应用等内容。

全书讲解清晰、简练，配有大量的图片，明了直观。本书按照汽车配件营销作业项目的实际过程，结合目前职业院校流行的模块化教学的实际需求，理论联系实际，重视理论，突出实操。

本书适合作为职业院校汽车专业教材，也可作为汽车售后服务站专业技术人员的培训教材。

版权专有　侵权必究

图书在版编目（CIP）数据

汽车配件营销 / 申荣卫主编 . —2 版 . —北京：北京理工大学出版社，2023.7 重印
ISBN 978-7-5682-7766-2

Ⅰ．①汽⋯　Ⅱ．①申⋯　Ⅲ．①汽车－配件－市场营销学－高等学校－教材　Ⅳ．① F766

中国版本图书馆 CIP 数据核字（2019）第 238545 号

出版发行 /	北京理工大学出版社有限责任公司
社　　址 /	北京市海淀区中关村南大街 5 号
邮　　编 /	100081
电　　话 /	（010）68914775（总编室）
	（010）82562903（教材售后服务热线）
	（010）68944723（其他图书服务热线）
网　　址 /	http://www.bitpress.com.cn
经　　销 /	全国各地新华书店
印　　刷 /	河北佳创奇点彩色印刷有限公司
开　　本 /	787 毫米 × 1092 毫米　1/16
印　　张 /	13
字　　数 /	305 千字
版　　次 /	2023 年 7 月第 2 版第 5 次印刷
定　　价 /	45.00 元

责任编辑 / 多海鹏
文案编辑 / 孟祥雪
责任校对 / 周瑞红
责任印制 / 边心超

图书出现印装质量问题，请拨打售后服务热线，本社负责调换

前言 PREFACE

党的二十大报告中指出：教育、科技、人才是全面建设社会主义现代化国家的基础性、战略性支撑。目前我国已经连续多年汽车产销量保持世界第一的地位。随着我国经济的快速发展和汽车产业结构不断升级，汽车结构和新技术不断涌现，市场上对既懂汽车配件知识又懂汽车配件管理的汽车配件人才要求越来越高。

本书编写以汽车营销与服务专业学生的就业为导向，对本专业所涵盖的岗位群进行任务和职业能力分析，遵循职业院校学生的认知规律，确定本教材的项目模块和课程内容，同时，它涵盖汽车后市场服务行业岗位所需的专业素养，具有一定的通识性。本书具有如下特色：

（1）情景化教学，凸显职业教育特色

本书重点围绕职业院校专业建设计划、企业需要、学生就业能力提升，从职业技能领域人才培养及评价模式出发，采用体验式销售理念，按汽车服务人员工作过程设计任务，以任务为驱动，以学生为主体，导入相关知识和技巧。同时，每个任务都充分利用实训环境进行情景式教学，旨在提升学习者汽车服务能力，反映汽车营销与服务专业典型岗位及岗位群职业能力要求，关注细节及精益求精的工匠精神。

（2）符合混合式课堂教学需要，注重资源的多层次和多元化

课程素材按照"最小学习素材、碎片化存储"的思路，力求丰富多样，符合学习者的个体差异。在汽车营销与服务专业领域采用同类思路编写的教材并不多见，该教材的出版填补了空白。

（3）符合行业实际，内容"必需、够用"

教材内容以"必需、够用"为原则，实践部分易于联系实践，技能操作符合职业技能鉴定规范。具有行业针对性，符合汽车营销与服务学生专业的要求，并能涵盖汽车4S店和汽配商店主要岗位要求和规范。

PREFACE

　　本书共分为 8 个课题，重点介绍汽车配件基础知识、汽车常见易损件及常用材料、汽车配件订货管理、汽车配件仓库管理、汽车配件营销、汽车配件市场调查与市场预测、汽车配件索赔、计算机管理系统在汽车配件营销中的应用等内容。

　　本书由天津职业技术师范大学申荣卫教授担任主编。本书图文并茂、通俗易懂，适合作为职业院校汽车专业教材，也可作为汽车售后服务站专业技术人员的培训教材。

　　由于作者水平有限，书中可能会有疏漏和不妥之处，欢迎读者批评指正。

编　者

课程思政教学方案

"汽车配件营销"课程作为交通运输类汽车服务相关专业人才培养的重要环节，对学生的职业生涯规划、价值观念树立和职业发展等都有着潜移默化的影响。教材充分认识到专业课程思政育人的必要性和意义所在，依据课程思政教学的基本原则，充分挖掘专业课思政元素，激发学生主观能动性，发挥案例教学的生动性，达到良好的课程思政效果。

教材与"汽车配件营销"相关课程的思政元素进行了罗列，形成了"汽车配件营销"课程思政实施方法，希望教师能够将内容与实际教学内容结合，将"正确认识国家汽车工业发展进步对消费者需求带来的变化，帮助学生树立民族自豪感和自信心；培养精益求精工匠精神；建立诚信守法观念；树立社会责任感；树立正确营销价值观、竞争观等"融入教学过程中，使学生通过"汽车配件营销"教学环节的学习，能够实现以知识为载体，达到育德、育智、育能的统一。

建议教师在课程思政教学中，创建和谐师生关系，"平等"教学。将课程思政点融入专业知识中，课程在小组讨论、小组调研活动中，创设情景教学，布置小组任务，让各个小组的组员通过课外预习和组员开展共同合作学习，提高学生参与教学活动的积极性，使学生更加主动地参与到课程教学中。在互动的过程中，鼓励他们在课堂中展现自己的学习结果并提出自己的疑问，调动学生主观能动性，让学生感受到家国情怀、科学精神、伦理道德等，并对它们有更为深刻的认识与理解。在课程思政建设中，教师激发学生的主观能动性，让他们在获得专业知识的同时，吸收思政精神养分。

广泛采用案例教学，打破专业课堂乏味感，让学生感同身受，实现课堂教学效果最大化、最优化。在课程教学中，引入大量符合时代特点的典型生动案例，在案例解析环节中，将专业知识与思政元素巧妙融合，真正实现二者的有机结合。

课程思政内容如下：

课题	思政内容
汽车配件基础知识	（1）结合中国汽车工业发展，让学生树立"四个自信"； （2）理解汽车是个整体，要有"团队意识"
汽车常见易损件及常用材料	利用木桶理论让学生明白弱点会影响整体发展，树立全面发展的观念
汽车配件订货管理	（1）让学生养成依据工作流程进行汽车配件销售的严谨认真的工作习惯； （2）工作责任心； （3）遵守国家法纪法规； （4）诚信等社会主义价值观的融入
汽车配件仓库管理	（1）安全意识； （2）善于沟通合作，精益求精； （3）遵守汽车配件出入库管理制度和仓储管理的标准制度； （4）严格遵循企业规定； （5）环保节能意识
汽车配件营销	（1）踏实工作的工作作风； （2）团队合作精神； （3）严格认真的工作态度； （4）责任担当意识； （5）诚信服务
汽车配件市场调查与市场预测	（1）科学调查方法收集市场信息； （2）调查结果的真实性和及时性； （3）工作严谨的重要性； （4）实事求事的工作态度
汽车配件索赔	（1）树立法治观念； （2）实事求是的工作作风
计算机管理系统在汽车配件营销中的应用	（1）理解效益、效率的关系； （2）通过管理的发展，理解技术发展对社会的作用

目录 CONTENTS

课题一　汽车配件基础知识 …………………………………………… 1

　　任务一　汽车结构知识 ……………………………………………… 2
　　任务二　汽车配件相关常识 ………………………………………… 14
　　任务三　如何鉴别正规汽车配件 …………………………………… 22

课题二　汽车常见易损件及常用材料 ………………………………… 27

　　任务一　汽车常见易损件及易耗件 ………………………………… 28
　　任务二　汽车美容用品 ……………………………………………… 58

课题三　汽车配件订货管理 …………………………………………… 71

　　任务一　配件管理与采购 …………………………………………… 72
　　任务二　配件采购方式与配件验收 ………………………………… 79
　　任务三　进货渠道与货源鉴别 ……………………………………… 85

课题四　汽车配件仓库管理 …………………………………………… 88

　　任务一　仓库管理的基本概念 ……………………………………… 89
　　任务二　汽车配件仓库管理 ………………………………………… 95
　　任务三　汽车配件出库程序 ………………………………………… 109
　　任务四　汽车配件仓库经济管理 …………………………………… 116

课题五　汽车配件营销 ………………………………………………… 119

　　任务一　汽车配件产品的销售策略 ………………………………… 120
　　任务二　汽车配件产品的销售方式 ………………………………… 131
　　任务三　汽车配件目标市场营销 …………………………………… 135
　　任务四　汽车配件促销策略 ………………………………………… 141

CONTENTS

课题六　汽车配件市场调查与市场预测 …………………………………… **154**
  任务一　汽车配件市场调查 ……………………………………………… 155
  任务二　汽车配件市场预测 ……………………………………………… 165

课题七　汽车配件索赔 ………………………………………………………… **171**
  任务一　索赔目的和原则 ………………………………………………… 172
  任务二　汽车配件的质量担保与索赔 …………………………………… 174
  任务三　索赔旧件的处理 ………………………………………………… 179

课题八　计算机管理系统在汽车配件营销中的应用 …………………… **182**
  任务一　汽车配件营销中的计算机管理系统 …………………………… 183
  任务二　汽车配件库房管理系统 ………………………………………… 186
  任务三　汽车配件电子商务应用 ………………………………………… 196

参考文献 ……………………………………………………………………… **200**

课题一 汽车配件基础知识

知识目标

（1）掌握汽车发动机各部件的名称。
（2）了解汽车配件常用术语。
（3）掌握汽车底盘各部件的名称。
（4）掌握汽车车身的基本结构。

能力目标

（1）能够正确区分正规汽车配件。
（2）能够正确使用汽车配件检索方法。

任务一　汽车结构知识

汽车是由数万个零部件组成的，总体来说，汽车是由发动机、底盘、电气设备和车身构成的。

一、汽车发动机

汽车发动机是将某一种能量转换为机械能的机器，是汽车动力之源，被称为汽车心脏，图1-1所示为发动机实物。从汽车的发展史来看，汽车使用的发动机都是利用燃料燃烧产生的热能转化成机械能再传递给车轮，使汽车行驶。发动机一般由两大机构和五大系统组成，两大机构为曲柄连杆机构和配气机构，五大系统为燃油供给系统、冷却系统、润滑系统、点火系统和起动系统。

图1-1　发动机

1. 曲柄连杆机构

曲柄连杆机构是发动机实现工作循环完成能量转换的主要运动零件。它由机体组、活塞连杆组和曲轴飞轮组等组成。在做功行程中，活塞承受燃气压力在气缸内做直线运动，通过连杆转换成曲轴的旋转运动，并从曲轴对外输出动力。而在进气、压缩和排气行程中，飞轮释放能量又把曲轴的旋转运动转化成活塞的直线运动，如图1-2所示。

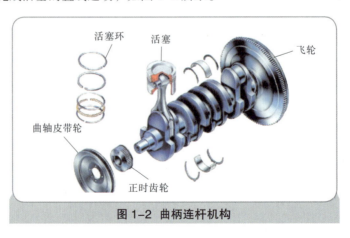

图1-2　曲柄连杆机构

（1）机体组

机体组是发动机最主要的部件，由气缸盖罩、气缸盖、气缸体、油底壳和气缸垫等零件组成，如图1-3所示。

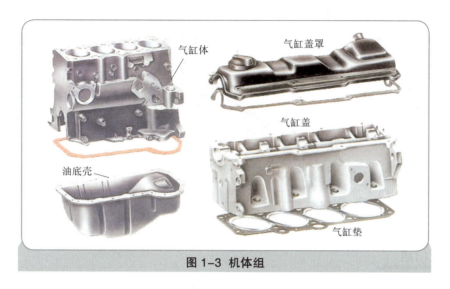

图 1-3 机体组

（2）活塞连杆组

活塞连杆组主要由活塞、活塞销、活塞环、连杆、连杆螺栓、连杆盖和连杆瓦等零件组成，如图 1-4 所示。

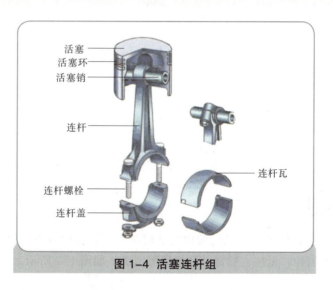

图 1-4 活塞连杆组

（3）曲轴飞轮组

曲轴飞轮组由曲轴、飞轮、曲轴轴承和平衡重组成，如图 1-5 所示。

2．配气机构

配气机构根据发动机的工作顺序和工作过程，定时开启和关闭进气门和排气门，使可燃混合气或空气进入气缸，并使废气从气缸内排出，实现换气过程。配气机构由气门组和气门传动组组成。

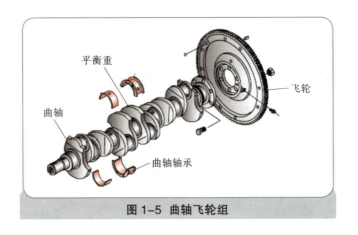

图 1-5 曲轴飞轮组

（1）气门组

气门组一般由气门、气门导管、气门油封、气门弹簧座及锁夹等零件组成，如图 1-6 所示。

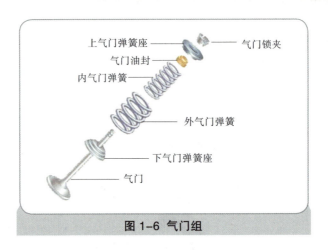

图 1-6 气门组

（2）气门传动组

气门传动组的作用是使进、排气门按规定的时刻开闭，且保证有足够的开度。气门传动组主要由凸轮轴、正时齿轮、挺柱、摇臂轴和摇臂等组成，如图 1-7 所示。

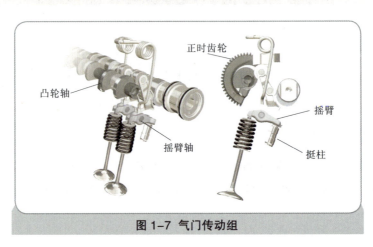

图 1-7 气门传动组

3. 燃油供给系统

燃油供给系统的功用是根据发动机的要求，配制出一定数量和浓度的混合气，供入气缸，并将燃烧后的废气从气缸内排到大气中去。

汽油机燃油供给系统分为化油器式和电控燃油喷射式。由于化油器已逐渐被淘汰，所以这里主要讲解电控燃油喷射系统。电控燃油喷射系统主要由燃油供给装置、空气供给装置和电控装置组成。

●燃油供给装置主要由油箱、燃油泵、燃油滤清器、燃油压力调节器、燃油管、燃油分配管和喷油器等组成。

●空气供给装置主要由空气滤清器、进气总管、节气门、进气歧管等组成。

●电控装置主要由各种传感器、电控单元和执行器组成。电控单元简称 ECU，是整个电控装置的核心，如图 1-8 所示。

图 1-8 电控单元

4. 冷却系统

冷却系统的功用是将受热零件吸收的部分热量及时散发出去，保证发动机在最适宜的温度状态下工作。水冷式冷却系统由水套、水泵、散热器、风扇和节温器等组成；风冷式冷却系统由风扇和散热片等组成。现代汽车一般使用水冷式冷却系统。

5. 润滑系统

润滑系统的功用是向做相对运动的零件表面输送定量的清洁润滑油，以实现液体摩擦，减小摩擦阻力，减轻机件的磨损，并对零件表面进行清洗和冷却。润滑系统一般由机油泵、集滤器、限压阀、油道和机油滤清器等组成。

6. 点火系统

点火系统是汽油发动机的重要组成部分，通常由蓄电池、点火开关、传感器、ECU、点火模块、点火线圈、分电器、高压线、火花塞等组成。点火系统的性能良好与否对发动机的功率、油耗和排气污染等影响很大。点火系统如图1-9所示。

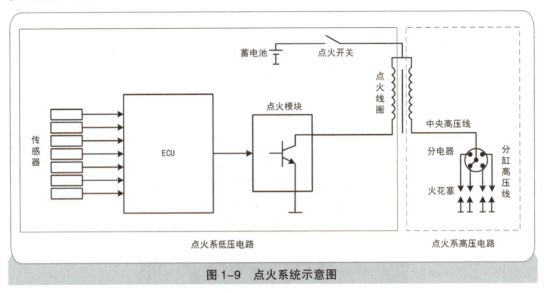

图1-9 点火系统示意图

7. 起动系统

因发动机不能自行由静止转入工作状态，必须借用外力转动曲轴，直到曲轴达到发动机开始燃烧所必需的转速，保证混合气的形成、压缩和点火能够顺利进行。发动机由静止转入工作状态的全过程，称为发动机的起动。完成发动机起动过程所需的一系列装置称为发动机起动系统。

二、汽车底盘

汽车底盘是整个汽车的基体，支承着发动机、车身等各种零部件，同时将发动机的动力传递和分配给车轮，并按驾驶员的意向行驶。图1-10所示为汽车底盘结构，其主要由传动系统、转向系统、行驶系统和制动系统四大系统组成。

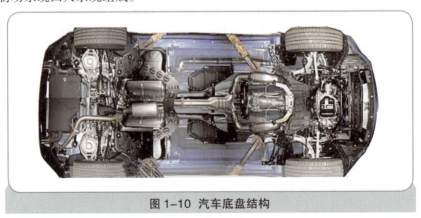

图1-10 汽车底盘结构

1. 传动系统

汽车发动机所发出的动力靠传动系统传递到驱动车轮。传动系统具有减速、变速、倒车、中断动力、轮间差速和轴间差速等功能。与发动机配合工作，能保证汽车在各种工况条件下的正常行驶，并具有良好的动力性和经济性。传动系统一般由离合器、变速器、万向传动装置、主减速器、差速器和半轴等组成。

● 离合器的功用是使发动机的动力与传动装置平稳地接合或暂时分离，以便于驾驶员进行汽车的起步、停车与换挡等，如图1-11所示。

● 手动变速器具有改变传动比、提供倒挡和中断动力传递等功能，如图1-12所示。

车辆不同，变速器的差异较大，但都由变速机构、变速操纵机构、壳体及相关零件组成。

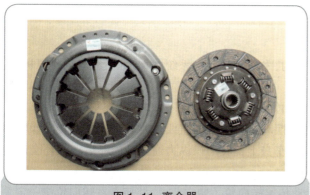

图1-11 离合器

图1-12 手动变速器

● 自动变速器，是指根据发动机转速、载荷、车速和其他因素自动改变传动比，从而达到变速目的的一种变速器，一般由液力变矩器（见图1-13）、换挡控制系统、行星齿轮机构、变速操纵机构和壳体等组成。

行星齿轮比较复杂，通常由行星齿轮机构和换挡执行机构组成。换挡执行机构有离合器、制动器及单向离合器三种。

● 主减速器与差速器。主减速器的功用是减速增加扭矩和改变动力的传递方向。差速器的作用是使左右驱动轮能以不同的转速滚动，如图1-14所示。

图1-13 液力变矩器

图1-14 主减速器与差速器总成

● 传动轴的功用是把变速器的动力传递给驱动桥，如图1-15所示。

● 桥壳与半轴。驱动桥的主要功用是支承并保护主减速器、差速器和半轴。

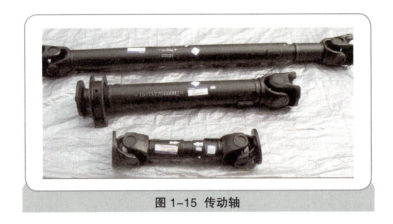

图 1-15 传动轴

2. 转向系统

　　汽车上用来改变或恢复其行驶方向的专设机构，称为汽车转向系统。转向系统由转向操纵机构、转向器和转向传动机构组成，如图 1-16 所示。

　　●转向操纵机构主要由转向盘、转向轴和转向管柱等组成，如图 1-17 所示。

　　●转向器是将转向盘的转动变为转向摇臂的摆动或齿条轴的直线往复运动，并对转向操纵力进行放大的机构。转向器一般固定在汽车车架或车身上，转向操纵力通过转向器后一般还会改变传动方向。

　　●转向传动机构是将转向器输出的力和运动传给转向轮（转向节），并使左右转向轮按一定关系进行偏转的机构。

图 1-16 转向系统

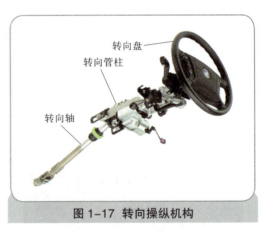

图 1-17 转向操纵机构

3. 行驶系统

　　行驶系统由车架、车桥、车轮和悬架等组成。行驶系统的功用是：接受传动系统的动力，通过驱动轮与路面的作用产生牵引力，使汽车正常行驶；承受汽车的总质量和地面的反力；缓和不平路面对车身造成的冲击，削减汽车行驶中的振动，保持行驶的平顺性；与转向系统配合，保证汽车的操纵稳定性。

　　●悬架一般由弹性元件、减震器和导向机构组成，如图 1-18 所示。

　　●车轮一般由轮辐和轮辋组成，有整体的，也有可拆卸的，如图 1-19 所示。

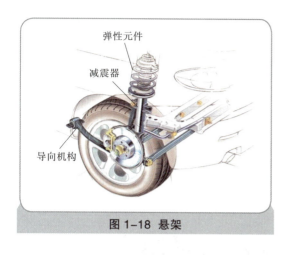

图 1-18 悬架

图 1-19 车轮

4. 制动系统

在汽车车轮上施加一定的力,从而对其进行一定程度的强制制动的一系列专门装置统称为制动系统。其作用是:使行驶中的汽车按照驾驶员的要求进行强制减速甚至停车;使已停驶的汽车在各种道路条件下(包括在坡道上)稳定驻车;使下坡行驶的汽车速度保持稳定。

制动系统一般由制动操纵机构和制动器两个主要部分组成。

● 制动操纵机构,产生制动动作、控制制动效果并将制动能量传输到制动器的各个部件以及制动轮缸(见图 1-20)和制动管路。

● 制动器,是产生阻碍车辆运动或运动趋势的力(制动力)的部件。汽车上常用的制动器都是利用固定元件与旋转元件工作表面的摩擦而产生制动力矩,称为摩擦制动器。它有鼓式制动器和盘式制动器两种结构形式,如图 1-21 所示。

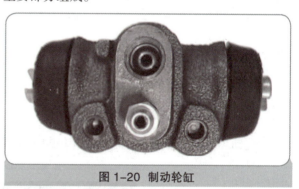

图 1-20 制动轮缸

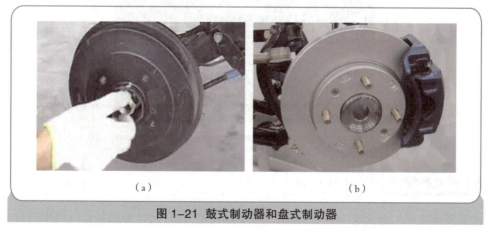

图 1-21 鼓式制动器和盘式制动器

(a)鼓式制动器;(b)盘式制动器

三、汽车电气设备

现代汽车电气设备的种类和数量很多,大致分为三大部分,即电源、用电设备、全车电路及配电装置。

1. 电源

汽车电源包括蓄电池(见图1-22)、发电机和调节器(见图1-23)。发动机不工作时由蓄电池供电,发动机起动后由发电机供电。在发电机向用电设备供电的同时,也给蓄电池充电。调节器的功用是在发电机工作时,保持其输出电压的稳定。

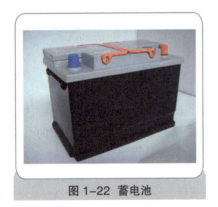

图1-22 蓄电池

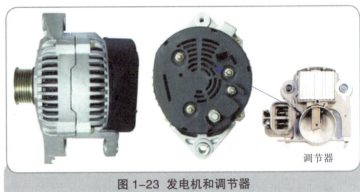

图1-23 发电机和调节器

2. 用电设备

(1) 起动系统

起动系统主要包括起动机(见图1-24)及其控制电路,用来起动发动机。

图1-24 起动机

(2) 点火系统

点火系统用来产生电火花,点燃汽油机气缸中的可燃混合气,主要包括点火线圈和点火器(见图1-25),以及分电器和火花塞(见图1-26)等。

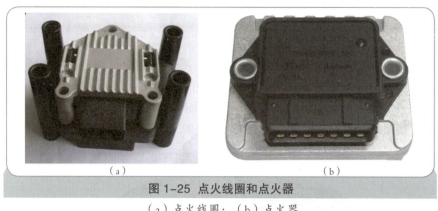

图 1-25 点火线圈和点火器

（a）点火线圈；（b）点火器

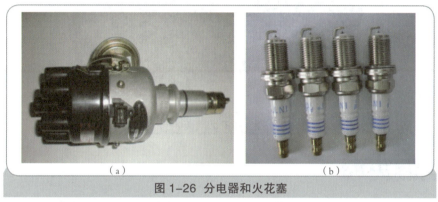

图 1-26 分电器和火花塞

（a）分电器；（b）火花塞

（3）照明系统和信号装置

照明系统包括车外和车内的照明灯具，提供车辆夜间安全行驶必要的照明。信号装置包括音响信号和灯光信号两类，提供安全行车所必需的信号。

（4）仪表及报警装置

仪表及报警装置的功用是监测发动机及汽车的工作情况，使驾驶员能够通过仪表及报警装置及时发现发动机及汽车运行的各种参数及异常情况，确保汽车正常运行。仪表及报警装置主要包括车速里程表、发动机转速表、水温表、燃油表、电压（电流）表、机油压力表、气压表及各种报警灯等。

（5）辅助电器

辅助电器包括电动风窗刮水器、风窗洗涤器、低温起动预热装置、汽车音响、点烟器、车窗玻璃电动升降器、座椅电动调节器、防盗装置等。

3. 全车电路及配电装置

全车电路及配电装置包括中央接线盒、熔断器、继电器、电线束及插接件、电路开关等，使全车电路构成一个统一的整体。

四、汽车车身

汽车车身（见图1-27）既是驾驶员的工作场所，也是容纳乘员和货物的场所。车身应对驾驶员提供便利的工作条件，对乘员提供舒适的乘坐条件，保护他们免受汽车行驶时的振动、噪声、废气的侵袭以及外界恶劣气候的影响，并保证完好无损地运载货物且装卸方便。汽车车身上的一些结构措施和设备还有助于安全行车和减轻事故的后果。

图1-27 汽车车身

1. 发动机盖

发动机盖（又称发动机罩）是最醒目的车身构件，是购车者经常要查看的部件之一。对发动机盖的主要要求是隔热隔音、自身质量小、刚性大。

发动机盖在结构上一般由外板和内板组成，中间夹以隔热材料，内板起到增强刚性的作用，其几何形状由厂家选取，基本上是骨架形式。发动机盖开启时一般向后翻转，也有小部分向前翻转。

向后翻转的发动机盖打开至预定角度，不应与前挡风玻璃接触，应有一个约为 10 mm 的最小间距。为防止在行驶时由于振动自行开启，发动机盖前端要有保险锁钩锁止装置，锁止装置开关设置在车厢仪表板下面，当车门锁住时发动机盖也应同时锁住。

2. 车顶盖

车顶盖是车厢顶部的盖板。对于轿车车身的总体刚度而言，顶盖不是很重要的部件，这也是允许在车顶盖上开设天窗的理由。从设计角度来讲，重要的是它如何与前、后窗框及与支柱交界点平顺过渡，以求得最好的视觉感和最小的空气阻力。当然，为了安全车顶盖还应有一定的强度和刚度，一般在顶盖下增加一定数量的加强梁，顶盖内层敷设绝热衬垫材料，以阻止外界温度的传导及减少振动时噪声的传递。

3. 后备厢盖

后备厢盖要求有良好的刚性，结构上基本与发动机盖相同，也有外板和内板，内板有加强筋。一些被称为"二厢半"的轿车，其后备厢向上延伸，包括后挡风玻璃在内，使开启面积增加，形成一扇门，因此又称为背门，这样既能够保持一种三厢车形状又能够方便存放物品。

如果采用背门形式，背门内板侧要嵌装橡胶密封条，围绕一圈以防水防尘。后备厢盖开启的支撑件一般用勾形铰链及四连杆铰链，铰链装有平衡弹簧，使启闭厢盖省力，并可自动固定在打开位置，便于提取物品。

4. 翼子板

翼子板是遮盖车轮的车身外板，因旧式车身该部件形状及位置似鸟翼而得名。按照安装位置又可分为前翼子板和后翼子板，前翼子板安装在前轮处，必须保证前轮转动及跳动时的最大极限空间，因此设计者会根据选定的轮胎型号尺寸用"车轮跳动图"来验证翼子板的设计尺寸。

后翼子板无车轮转动碰擦的问题，但出于空气动力学的考虑，后翼子板略显拱形，弧线向外凸出。当前有些轿车翼子板已与车身本体成为一个整体。但也有轿车的翼子板是独立的，尤其是前翼子板，因为前翼子板碰撞机会比较多，独立装配容易整件更换。有些车的前翼子板用有一定弹性的塑性材料（如塑料）做成，因为塑性材料具有缓冲性，所以比较安全。

5. 前围板

前围板是指发动机舱与车厢之间的隔板，它和地板、前立柱连接，安装在前围上盖板之下。前围板上有许多孔口，作为操纵用的拉线、拉杆、管路和电线束通过之用，还要配合踏板、方向机柱等机件安装位置。

为防止发动机舱里的废气、高温、噪声窜入车厢，前围板上要有密封措施和隔热装置。在发生意外事故时，它应具有足够的强度和刚度。对比车身其他部件，前围板装配最重要的工艺技术是密封和隔热，它的优劣往往反映了车辆运行的质量。

任务二　汽车配件相关常识

一、安全常识

汽车配件中有大量易燃、易爆等危险物品的存在，如发动机机油等油料，在管理过程中稍有不慎极易引起燃烧、爆炸等火灾事故发生；而且在搬运大型汽车配件（如发动机总成）时，还需要动用各种搬运机械，如果操作有误很有可能造成工伤事故。因此，必须牢牢贯彻"安全管理、预防为主"的管理方针。

1. 消防常识

（1）防火措施

- 只能在吸烟区吸烟。
- 通道和出口不能存放物品和废物，减少易燃材料。
- 移开废纸、包装箱、旧布等易燃物质，避免火灾危险。
- 确定电器具（电炉等）在下班后关掉，包括电脑及电脑监视仪。
- 及时更换任何破裂的、磨损的或损坏的电插座。
- 易燃品应存放在专门的存储柜内。

（2）正确使用灭火器

要了解所有灭火器的放置位置，灭火时，一定要使用适合火险类别的灭火器。通用干粉灭火器适用于扑灭一般易燃物、易燃液体和电器着火。汽油着火时，切不可向火中浇水，水会使火焰进一步蔓延，适当类型的灭后器能够使火焰窒息。起火后，除非特别需要，否则千万不要打开门窗，因为通风会使火势更加猛烈。出现火情时，一定要及时与消防部门联系。

2. 正确的人工搬运

只能举升和搬运力所能及的重物，没有把握时，应找人帮忙。体积很小、很紧凑的零部件有时也会很重，或者不好平衡。

二、汽车配件类型

汽车五金配件

(1) 发动机配件

发动机配件包括缸盖、机体和油底壳等。曲柄连杆机构配件包括活塞、连杆、曲轴、连杆瓦、曲轴瓦和活塞环等。配气机构配件包括凸轮轴、进气门、排气门、摇臂、摇臂轴、挺柱和推杆。进气系统配件包括空气滤芯、节气门、进气谐振器和进气歧管等。排气系统配件包括三元催化转换器、排气歧管和排气管。

(2) 传动系统配件

传动系统配件包括飞轮、压盘、离合器片、变速器、变速换挡操纵机构、传动轴（万向节）和轮毂等。

(3) 制动系统配件

制动系统配件包括制动总泵、制动分泵、真空助力器、制动踏板总成、刹车盘、刹车鼓、刹车片、刹车油管和ABS泵等。

(4) 转向系统配件

转向系统配件包括转向节、方向机、转向管柱、转向盘和转向拉杆等。

(5) 点火系统配件

点火系统配件包括火花塞、高压线、点火线圈、点火开关和点火模块等。

(6) 燃油系统配件

燃油系统配件包括燃油泵、燃油管、燃油滤清器、喷油嘴、油压调节器和燃油箱等。

(7) 冷却系统配件

冷却系统配件包括水泵、水管、散热器（水箱）和散热器风扇。

三、汽车配件常用术语

1. 车辆基本术语

车辆基本术语包括对汽车品牌、制造厂家、年款、车型、车身形式、车辆配置、驱动形式、生产方式（进口、散件组装等）、车型参数等与车辆相关信息的专业化描述。如对一辆宝马的准确描述如下：哪一年在哪国以零件的方式组装的宝马轿车，出口地是哪国，VIN编码为多少（一般有17位字符）等。

2. 配件基本情况

要详细了解包括配件分类、材料、形式、各项技术参数、配件来源、生产厂家及品牌、相关产品和配套工具等方面的知识。

3. 配件的其他常见术语

客户向汽车配件经销商购买配件时，配件销售人员一般会问客户是要"原厂件"还是要"副厂件"，这是由配件来源渠道不同导致的。配件的来源渠道不同，价格会相差较大，当然质量也会有差别。根据配件来源渠道的不同，一般可以将配件分为原厂件、副厂件、拆车件和翻新件等。

原厂件：主机厂把一些非核心部分甚至是一些核心部分的零件外包出去，主机厂会找到相对应的供应商去生产这些外包出去的部件。但是供应商在生产完了主机厂的部件之后，不能在产品上面贴上自己的商标，而是应该贴上主机厂的商标，这种零部件叫做原厂件。

副厂件：是指非汽车生产厂家授权的厂家生产的配件，它标有自己的厂名，也有自己的商标，但没有汽车品牌的 LOGO。

拆车件：是指从报废车辆上拆下的零件，常见于使用时间较长的进口车辆的修理。

翻新件：是指一些旧件经过专业厂家的重新修复或加工后，能够满足使用性能并有质量保障的零部件，如翻新的自动变速器、液力变矩器和前照灯等。

四、汽车零部件编号规则

1. 国产汽车零部件的编号规则

在我国，汽车零部件编号按 QC/T265—2004《汽车零部件编号规则》统一编制。

（1）汽车零部件编号规则

汽车零部件编号由企业名称代号、组号、分组号、零部件顺序号、源码、变更代号组成。零部件编号的表达式根据其隶属关系可以按三种方式进行选择，如图1-28所示。

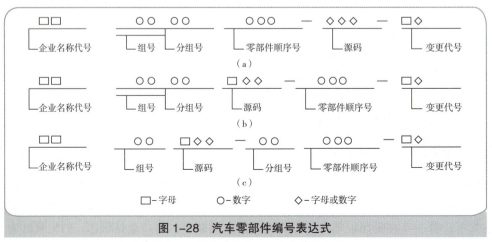

图1-28 汽车零部件编号表达式

（a）表达式一；（b）表达式二；（c）表达式三

1）企业名称代号

当汽车零部件图样使用涉及知识产权或产品研发过程中需要标注企业名称代号时，可在最前面标注经有关部门批准的企业名称代号；一般企业内部使用时，允许省略。企业名称代号由两位或三位汉语拼音字母表示。

2）源码

源码用三位字母、数字或字母与数字混和表示，企业自定。
a）描述设计来源：指设计管理部门或设计系列代码，由三位数字组成。
b）描述车型中的构成：指车型代号或车型系列代号，由三位字母与数字混合组成。
c）描述产品系列：指大总成系列代号，由三位字母组成。

3）组号

用2位数字表示汽车各功能系统分类代号，按顺序排列。

4）分组号

用4位数字表示各功能系统内分系统的分类顺序代号，按顺序排列。

5）零部件顺序号

用3位数字表示功能系统内总成、分总成、子总成、单元体、零件等顺序代号，零部件顺序号表述应符合下列规则：
a）总成的第三位应为零。
b）零件第三位不得为零。
c）3位数字为001~009，表示功能图、供应商图、装置图、原理图、布置图、系统图等为了技术、制造和管理的需要而编制的产品号和管理号。
d）对称零件其上、前、左件应先编号且为奇数，下、后、右件后编号且为偶数。
e）共用图（包括表格图）的零部件顺序号一般应连续。

6）变更代号

变更代号为2位，可由字母、数字或字母与数字混和组成，由企业自定。

7）代替图零部件编号

对零件变化差别不大，或总成通过增加或减少某些零部件构成新的零件和总成后，在不影响其分类和功能的情况下，其编号一般在原编号的基础上仅改变其源码。

（2）汽车组合模块编号

汽车组合模块组合功能码由组号合成，前两位组号描述模块的主要功能特征，后两位组号描述模块的辅助功能特征，如图1-29所示。

例如，10×16表示发动机带离合器组合模块，10×17表示发动机带变速器组合模块，17×35表示变速器带手制动器组合模块。

图1-29 汽车组合模块编号

2. 大众（含奥迪）零部件编号规则

所有大众奥迪零部件都被划分为10个主组，它们依次对应着轿车的部件组，每一个主组又被划分为若干个子组，子组数目因尺寸和结构不同而异，在主组和子组里的备件是以结构顺序列出编号的。零件号由一个9位数字组构成。前3位数通常表示机组和车型，但像发动机、变速器和点火系统这样的涉及单一总成的零件号除外，第4位数通常表示主组号，后面第5和第6位数表示子组号，最后3位数表示零件的实际数字号码，零件的改动将通过1个或2个字母在零件号的第10和第11位上标明。对于带有颜色的零部件，通过3个数字或数字与字母的组合来标记颜色。

例如：35A 885 805A ZQ6

（型号规格）；（主组）；（子组）；（零件标号）；（变更字母）；（颜色标记）。

35A是项目号；885是后排座椅；805A是后排靠背面套，更改了一次更改编号标记是A；ZQ6是色号。值得一提的是，前–后–左–右–的标志总是以行车方向为准给出，若一零件左右对称，则通常尾数是奇数时表示左侧件，偶数时表示右侧件。

3. 丰田零部件编码规则

丰田零部件编码一般是由10~12位的数字构成，一般来说，前5位代表是什么零件，如04111就代表大修包，后5位为车型，如04111-46065就是皇冠3.0的大修包，最后2位一般代表颜色。

从编码的第一位就可以区分配件的类型：

0：修理件；

1：发动机配件，如13101就是活塞；

2：发动机附件，如发电机、电动机、化油器之类；

3：离合或变速箱传动类配件；

4：底盘配件，如悬挂、转向器、球头之类；

5、6：外观、内饰类；

7：装饰件，如饰条、防撞胶条；

8：灯具及电器类；

9：都是小东西，如油封、轴承、垫圈之类。

例如，前5位为此零件的类别，后5位为该零件所运用的车型。

如 23300-33010，23xxx 代表燃油系统，33xxx 代表车型，例如 CAMRY。

五、汽车配件的检索

1. 汽车配件目录检索

配件目录通常由汽车制造厂家的生产设计部门编写，一般会定时向售后维修站发布。根据配件目录能够非常准确地确定配件的名称、编码、适用车型等相关信息。

（1）配件目录的内容

配件目录一般根据原厂的生产设计资料编制，是配件流通中的技术标准。常见的配件目录有书本、胶片、电子（以软盘、光盘等为存储介质）三种形式，随着互联网技术的发展，网络电子目录也逐渐得到广泛的应用。

1）配件插图

配件插图是配件目录的主要组成部分，一般采用轴侧图来表现系统各零件的相对位置和装配关系。按照国家标准，在配件插图中标有图中序号，使用时要特别注意零件之间的包含关系。

2）配件编号

配件编号是配件唯一准确的编号，贯穿配件设计、生产、采购、销售、维修各个环节，它是配件订货和销售的最准确的要素。所有的配件订单和销售单据上必须清楚标示出配件编号。

3）配件名称

配件名称主要是指在设计和生产中使用的名称，它是根据配件的特点，结合约定俗成的标准为配件赋予的一个文字符号，但指代和区分能力较弱，一般用于配件管理中作描述性说明和补充手段。

4）全车用量

给出该配件在一辆车上的使用数量。

5）备注

备注是配件目录中十分重要的部分，一般用来补充说明配件的参数、材料、颜色、适用年款、车型以及其他配置信息等。例如，"螺栓，M12-1.75X70，1991-1992，六缸机""缸体，铝合金，适用于1995年6月以后的1.6 L电喷发动机"。备注信息提供了配件适用范围的准确描述，因此在采购和销售汽车配件时一定要注意该栏的说明。

6）其他

配件目录中一般都附有厂家对该配件目录适用范围、使用方法的详细说明，请在使用之前仔细阅读。

（2）配件目录的检索

由于采用的存储方式不同，不同形式的配件目录的检索方式也各不相同。

1）书本配件目录的检索

首先，选择合适的配件目录版本。根据所要查找的配件适用的年份、车型、配置，尽量选择原厂出版的满足要求的最新配件目录。

其次，通读配件目录的前言和相关说明，了解配件目录的内容、编号格式以及使用方法。

再次，结合汽车配件专业知识，在目录索引中查找零件所属的组号和分组号，获得对应的页码（或图号）信息。

最后，在指定页码中，对照零件插图，确认所查零件的图中序号，对照零件一览表查找该零件的所有相关信息。

2）微缩胶片配件目录的检索

微缩胶片也是一种常见的配件目录存储方式，由于需要专门的阅读工具，而且使用和保存的要求条件较多，因此在汽车配件管理中应用并不广泛。

3）电子配件目录的检索

电子配件目录具有信息承载量大、查询简单、更新方便、成本低的特点，因此在配件管理领域获得了广泛的应用。各大厂商根据本身的需要开发了相应的配件服务系统，其结构和功能之间有较大的差异，但实际内容是一致的，都包含所有车辆配件的相关信息。此外，第三方数据公司也提供了大量的汽车配件目录。

4）基于互联网的配件目录

随着互联网技术的发展，基于互联网的配件目录也逐渐进入实用阶段。配件目录网络化，突破了存储容量的限制，降低了对计算机配置的要求，更加重要的是它可以及时更新，使用户获得最准确的配件信息。

（3）其他技术服务资料的使用

除了配件目录外，其他与配件相关的技术服务资料在配件管理中也十分重要。

1）零配件变更通知

配件目录发行后,有关的零配件或型号有新的变化,厂家为调整售后服务市场,将随时发布相应的零配件变更通知。

2）替换件目录

经过技术改进或改型后,旧零件与新零件之间有互换性,需要用新零件号替换旧零件号。厂家一般在较大的改型后都会发布相应的替换件目录,指导配件流通。

3）通用互换手册

一个厂家的多个车型,或者多个厂家的多个车型,可能会采用相同的零件,它们可能编号不同,但同样具有互换性。部分厂家,或者第三方出版不同车型、不同厂家的配件通用互换手册,用以指导这部分的配件经营。

2. 配件目录检索的方法

（1）按配件字母顺序

在进口汽车配件手册中均附有按零件名称字母顺序编排的索引,如果知道所需零件的英文名称,便可以以英文名称的字母进行索引,采用这种方法也能较快地查找零件的相关信息。

（2）按配件编号

汽车零件均有对应的零件编号,如果知道所需配件的编号,则采用该方法能快速准确地查询到该零件的有关信息,一个零件的名称可能因翻译、语言等叫法不同,但零件的编号是唯一的。零件编号索引是根据零件编号大小顺序排列的,根据已知的零件编号,可以查出该零件的地址编码和所在页码,然后查询其详细信息。

（3）按总成

汽车分为多个总成,如发动机、变速器总成、转向系统、制动系统、电气系统等。如果知道所需零配件属于哪个总成,便可以直接从该总成查找该配件,这样可以在不知道配件编号的情况下缩短查找时间。

（4）按配件图像索引

汽车分解成若干个模块,根据实际情况,选择结合方式。立体装配展开图能一目了然地显示各个零件的形状、安装位置及装配关系,并在对应的表中列出零件名称、零件编号、单车用量、标准件的规格等详细信息。用此方法查询的特点是能直观、准确、方便且迅速地确定所需配件的信息。

任务三　如何鉴别正规汽车配件

假汽车配件的危害是不言而喻的，不像普通生活用品那样，只是在工艺、品质上存在问题，严重时会危及车主和他人的生命安全。然而由于利益的驱使，仿冒配件至今仍难以杜绝。

一、几种简单鉴别方法

1. 看商标

要认真查看商标，核实上面的厂名、厂址、等级和防伪标记是否真实。因为对有短期行为的仿冒制假者来说，防伪标志的制作不是一件容易的事，需要一笔不小的支出。在商品制作上，正规的厂商在零配件表面有硬印和化学印记，注明了零件的编号、型号、出厂日期，一般采用自动打印，字母排列整齐，字迹清楚，小厂和小作坊一般是做不到的。减震器表面商标如图1-30所示。

图1-30　减震器表面商标

2. 看包装

根据包装进行识别，是检验汽车配件真伪的重要方法。纯正部件包装制作精美，色彩、花纹、样式都有一定的规则，一般是很难仿制的。仿制的包装制作比较粗糙，较容易辨别。但有些仿制者依靠现代先进的印刷技术，将零件包装制作得很逼真，如不仔细辨认，则很难区别。进口汽车配件一般都有外包装和内包装，外包装有包装箱、包装盒；内包装一般是带标识的包装纸和塑料袋或纸袋。纯正配件外包装箱（盒）上都贴有厂家统一、印刷清晰、纸质优良，并印有GENUINE PARTS（纯正部品）标记，且标有零件编号、名称、数量及生产厂和国家，如图1-31所示。而仿制的标签印刷不精细，色彩不是轻就是重，很难与纯正配件包装一致，且使用电脑打印的零件编号及生产厂商标记的色彩非轻即重，仔细辨认，就能区分真伪。

3. 文件资料

查看汽车配件的产品说明书。产品说明书是生产厂家进一步向用户宣传产品，为用户做某些提示，帮助用户正确使用产品的资料。通过产品说明书可增强用户对产品的信任感。一般来说，每个配件都应配一份产品说明书（有的厂家配有用户须知）。如果交易量相当大，还必须查询技术鉴定资料。

进口配件还要查询海关进口报关资料。国家规定，进口商品应配有中文说明，一些假冒进口配件一般没有中文说明，且包装上的外文，有的文法不通，甚至写错单词，一看便能分辨真伪。

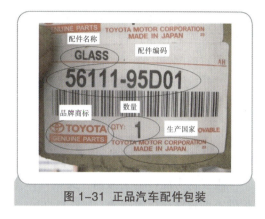

图 1-31 正品汽车配件包装

4. 看表面处理

鉴别金属机械配件时，可以查看其表面处理。表面处理是指电镀工艺、油漆工艺、电焊工艺、高频热处理工艺。汽车配件的表面处理是配件生产的后道工艺，商品的后道工艺尤其是表面处理涉及很多现代科学技术。制造假冒伪劣产品的小工厂和手工作坊有一个共同特点，就是采取低投入掠夺式的短期经营行为，很少在产品的后道工艺上投入技术和资金，而且也没有这样的资金投入能力。例如，正品传动轴的外球笼的外星轮内腔经过中频淬火，且球面、球道均经过硬车磨削，表面粗糙度小，如图 1-32 所示。

图 1-32 正品外球笼内腔

5. 看非使用面的表面伤痕

从汽车配件非使用面的伤痕也可以分辨是正规厂生产的产品还是非正规厂生产的产品。表面伤痕是在中间工艺环节由于产品相互碰撞留下的。

优质的产品是靠先进科学的管理和先进的工艺技术制造出来的。生产一个零件要经过几十道甚至上百道工序，而每道工序都要配备工艺装备，其中包括工序运输设备和工序安放的工位器具。高质量的产品有很高的工艺装备系数做保障，所以高水平工厂的产品是不可能在中间工艺过程中互相碰撞的。凡在产品非使用面留下伤痕的产品，肯定是小厂、小作坊生产的劣质品，如图 1-33 所示。

6. 看材质

劣质配件的材料大多不如人意，特别是橡胶、塑料等类型的配件很容易判断其优劣，如碰撞后掉落的形状呈粉碎状等。其他诸如用铸铁代替优质钢、镀铜取代纯铜、普通钢材取代优质钢或合金钢等都是不法厂家常用的手法，可以通过砂轮打磨出的火花看出。通过观察合

图 1-33 非使用面的表面伤痕

件、总成件中的小零件也可以看出零部件的真假。正规的配件总成、部件只有齐全完好，才能保证顺利装车和正常运行。一些总成件上的小零件缺失，很容易引起装车困难，而这种配件很可能就是假冒的配件。

此外，有的配件是废旧配件翻新的，这时只要拨开配件表面油漆后就能发现旧漆、油污及划痕。当轮胎翻新情况严重时，核价和定损更应注意。

7. 比较质量

假冒伪劣配件偷工减料，天生"体重"比较轻。许多配件可以用这个方法加以鉴别。现在的配件查询软件都标明质量，如资料许可，可以查找并参考。

8. 看配件的配合度

把买到的配件装到车上，看能不能和其他配件有良好的配合。一般原厂配件都能轻松地装到车上，而劣质的配件由于工艺不精，加工误差较大，配件之间很难配合良好。此外，为保证配件的装配关系符合技术要求，一些正规配件表面刻有装配记号，用来保证配件的正确安装，若无记号或记号模糊无法辨认，则不是合格的配件。

二、几种常见汽车配件的真假鉴别

1. 制动片

①原配摩擦片背板周边有四处缺口，假冒的没有，如图1-34所示。
②报警簧片表面处理不同：原配为银白色，假冒的为黑色。
③原配缓冲片上有两个长条状减噪缺口，假冒的没有。
④原配颜色为草绿色打印字体；假冒的为白色印刷字体，字体颠倒。
⑤正品摩擦材料表面粗糙，摩擦系数大；假冒摩擦片的材料表面光滑，摩擦系数小。

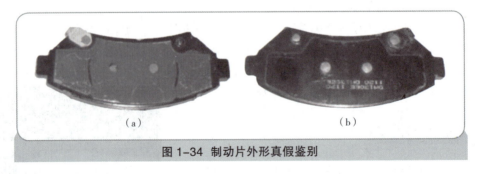

（a）　　　　　　　　　　　　（b）

图1-34 制动片外形真假鉴别

（a）制动片反面；（b）制动片正面

2. 前挡风玻璃

真假前挡风玻璃比较如表1-1所示。

表1-1 真假前挡风玻璃比较

正品	伪劣产品
商标清晰，"FY"字样圆润	商标模糊，"FY"字样不够圆润
商标在玻璃钢化前采用油墨印刷，经高温烧结后不会被刮掉	商标在玻璃钢化后采用低温油墨印刷，易被刮掉
商标上的生产日期表示方法符合公司的统一规定	商标上的生产日期表示方法不符合公司规定

3. 汽油滤清器

标签完全不同，材质也有差异，正牌的为镀锌钢板，冒牌的为不锈钢板；两者的外部结构也有差异，正牌的为倾角，冒牌的为圆角，如图1-35所示。

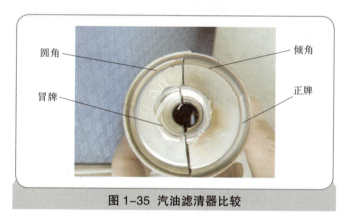

图1-35 汽油滤清器比较

4. 油品

看包装外观，新油包装外观干净漂亮，无油污尘迹，封口盖是一次性盖子，缺口处有封口锡纸，锡纸上均有厂家特殊标记，无这些特点，有可能是假油。另外，名牌油为防假冒，从标签贴纸、罐底、罐盖内侧到把手等不显眼处均有特殊标记，如果不法分子自订包装造假，只要对比一下真假两个外包装就可分辨。观察油外观，将机油倒出来观察，真油色浅透明，无杂质，无悬浮物，无沉淀物，味淡，晃动时流动性较好。假油或油色较深，或有杂质沉淀物，或味浓有刺激性，晃动时流动性较差，或用手摸有拉丝现象。

一、填空题

1. 汽车发动机是将某一种能量转换为_____，是汽车动力之源，被称为_____。
2. 副厂件又称_____，一般来说，副厂件是指原厂装车件_____。
3. 原厂件又称配套件，一般会有配件生产厂家的_____和_____等。
4. 汽车由数万个零部件组成，总体来说，由_____、_____、_____和_____构成。
5. 常见配件目录有_____、_____、_____三种形式。
6. 配件插图是_____的主要组成部分。

二、选择题

1. （　　）是指用来改善或提高车辆乘坐舒适性、行驶安全性等性能的附加设备。
   A．附件　　　　B．维修零件　　　　C．组件　　　　D．油液
2. 下列属于底盘构造的是（　　）。
   A．冷却系统　　B．配气机构　　　　C．润滑系统　　D．行驶系统

三、简答题

副厂件一定比正厂件的质量差吗？为什么？

课题二
汽车常见易损件及常用材料

知识目标

（1）了解车用燃料的种类与质量要求。
（2）了解汽车制动液的作用与质量要求。
（3）了解发动机冷却液的作用与质量要求。
（4）掌握汽车发动机、底盘和车身的易损件。

能力目标

（1）能够正确识别汽车常见易损件。
（2）能够正确使用发动机机油、齿轮油以及润滑脂。

任务一　汽车常见易损件及易耗件

一、汽车常见易损件

1. 发动机易损件

（1）气缸体

气缸体除气缸正常磨损外，其他故障来自于冬季因未使用防冻液而缸体又未放尽积水被冻裂，运行中因气缸缺少冷却水，缸体过热膨胀出现裂缝漏水，以及在行车事故中被碰撞损坏和孔径经数次镗削扩大至极限。在使用中，气缸体有一定的消耗量，属于正常应备品种，如图2-1所示。

图2-1　气缸体

（2）气缸套

气缸套的常见故障有缸孔自然磨损、外径因压配不当漏水（湿式缸套）、缸壁因敲缸损伤，或在突发情况下如连杆螺栓松脱被连杆击穿等。图2-2所示为气缸套，属必备品，消耗量较大，应有一定的备量。

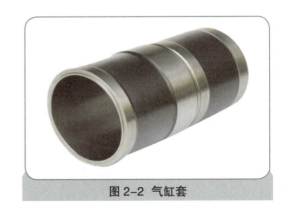

图2-2　气缸套

（3）气缸盖

气缺盖除未发现的制造缺陷如隐藏裂纹、排气门座压配松弛等引起的漏水现象外，主要是使用不当和自然疲劳损坏，实物如图2-3所示。

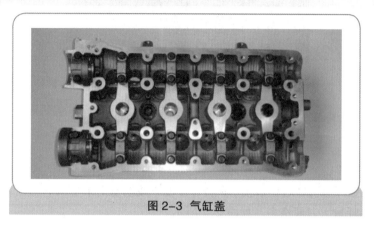

图2-3 气缸盖

（4）气缸盖衬垫

气缸盖衬垫的常见故障有缸盖紧固螺栓或螺栓拧紧力失准或松弛、制造上的缺陷、漏水造成热化学腐蚀等，造成封闭气缸孔边缘部位烧蚀泄漏、水孔边缘部分热腐蚀缺损使封闭失效。如图2-4所示，气缸盖衬垫属一次性使用配件，消耗量很大，通常作为随车主要维修备用品，应有较多库存备量。

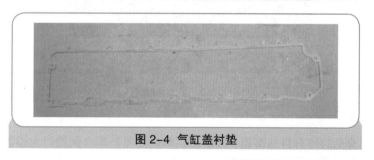

图2-4 气缸盖衬垫

（5）活塞

活塞的常见故障有自然磨损，发动机过热时造成部分铝合金熔蚀发生拉缸或咬死，磨损后配合间隙过大，积炭过早燃时会击伤、产生裂缝等。常见活塞如图2-5所示，属主要易损件，消耗量大，规格多，是营销必备品种。

图2-5 活塞

（6）活塞环

活塞环的常见故障有由活塞拉缸引起的折断、自然磨损、弹性衰减等，属主要易损件，消耗量大，规格多，实物如图2-6所示。

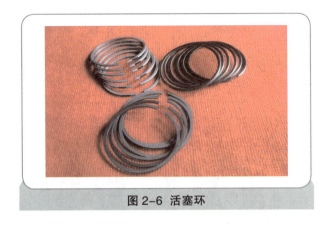

图 2-6 活塞环

（7）活塞销

活塞销的常见故障有外径自然磨损、在特殊工况下或制造上未检出的隐藏裂缝造成的折断，属主要易损件，消耗量大，规格多，如图 2-7 所示。

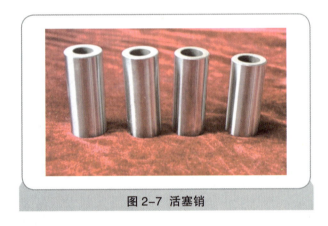

图 2-7 活塞销

（8）活塞销衬套

活塞销衬套的常见故障有自然磨损、因缺油高热烧损及压配合间隙过大引起的衬套移位等，属主要易损件，消耗量大，规格多，如图 2-8 所示。

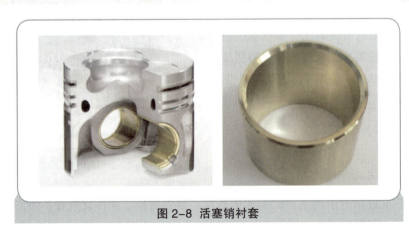

图 2-8 活塞销衬套

（9）连杆

连杆的常见故障有受力矩作用杆体扭曲、大头小头孔座因轴孔磨损或断油造成的过度磨损松旷、螺栓孔螺纹损坏等。连杆虽属易耗件，但相对销量较少，应有一定备品，如图2-9所示。

（10）曲轴

曲轴的常见故障有主轴颈和连杆轴颈磨损，曲轴因受力扭曲变形引起同轴度失准以及在突发工况下或材质缺陷、隐藏裂纹等造成个别现象的折断等。如图2-10所示，曲轴属非易耗件，但仍有一定的销量，为常备供应配件之一。

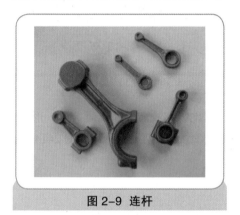
图2-9 连杆

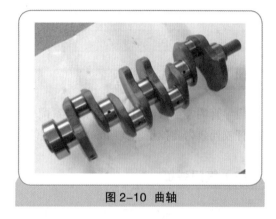
图2-10 曲轴

（11）连杆及曲轴轴瓦

连杆及曲轴轴瓦的常见故障有因断油产生的合金层合金烧熔咬轴，因冲击负荷所致合金层部分合金疲劳剥落，因配合间隙过大造成轴瓦钢衬外圆及定位唇口变形移位等，属易耗件，如图2-11所示。

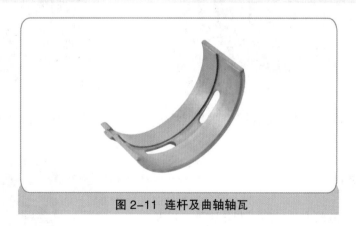
图2-11 连杆及曲轴轴瓦

（12）飞轮

飞轮的常见故障有大段工作平面因离合器钢片损坏或磨损后被铆钉突出磨损形成的沟槽，飞轮齿圈端因起动机驱动齿轮的撞击崩块或齿面磨损过大，齿圈与飞轮外圆配合松弛等，如图2-12所示。

(13) 气门

气门的常见故障有自然磨损和胶粘咬死、断裂、腐蚀等，属易耗件，如图 2-13 所示。

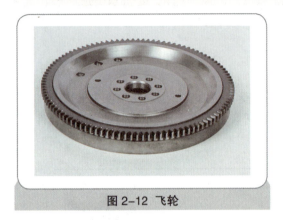

图 2-12 飞轮

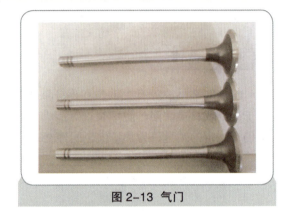

图 2-13 气门

(14) 气门导管

气门导管的常见故障有自然磨损导致配合间隙过大，燃烧废气或润滑油杂质等侵入形成磨料使气门杆咬死或内孔拉伤。气门导管属易耗件，在发动机大修中常需换用新品，如图 2-14 所示。

(15) 气门弹簧

气门弹簧的常见故障有变形、折断、弹性衰减等，属易耗件，如图 2-15 所示。

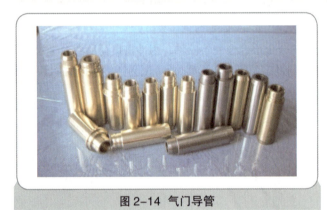

图 2-14 气门导管

图 2-15 气门弹簧

(16) 气门座圈

气门座圈的常见故障有机械磨损和热腐蚀，以及气门或座圈的密封面破坏，如图 2-16 所示。

图 2-16 气门座圈

（17）凸轮轴

凸轮轴的常见故障有主轴颈磨损、凸轮磨损，凸轮轴弯曲变形、同轴度变坏和机油泵驱动齿轮损坏，如图2-17所示。

图2-17 凸轮轴

（18）凸轮轴正时齿轮

凸轮轴正时齿轮的常见故障有齿部因受冲击力矩被崩裂、断齿。凸轮轴正时齿轮属易耗件，在维修作业中常被更换，如图2-18所示。

图2-18 凸轮轴正时齿轮

（19）正时链条

正时链条的常见故障有链板疲劳，轴销、滚子磨损后伸长。工程塑料制齿形带的损坏现象为疲劳伸长、齿面磨损等，如图2-19所示。

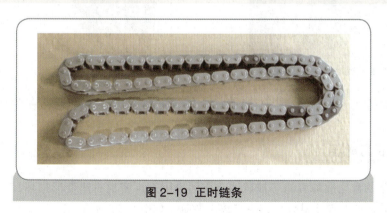

图2-19 正时链条

(20) 进排气歧管总成

进排气歧管总成的常见故障有热疲劳裂纹，安装凸缘边缘因螺栓拧紧顺序及力矩不当造成的断裂，或受热疲劳引起的安装平面翘曲变形而造成的漏气等，如图 2-20 所示。

图 2-20 进排气歧管总成

(21) 机油泵

机油泵的常见故障除制造质量外，还有运动件自然磨损、限压阀弹簧弹力疲劳衰减、密封衬垫损坏，属维修易损件，如图 2-21 所示。

(22) 机油集滤器

机油集滤器的常见故障有滤网经多次阻塞清洁后变形或损坏及油管油垢阻塞、清除中变形等。机油集滤器是维修易损件，属常供常备品，应有较大的备量，如图 2-22 所示。

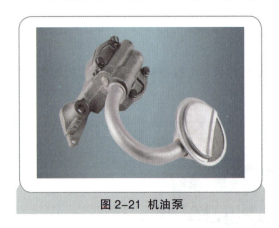

图 2-21 机油泵

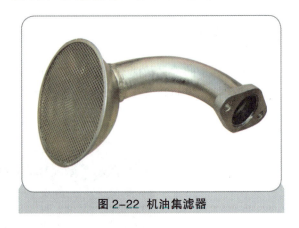

图 2-22 机油集滤器

(23) 机油滤清器

机油滤清器的常见故障有滤芯被机油杂质污染阻塞，密封衬垫变形损坏，开启压力失准。机油滤清器属易损件，需要量较多，应有较大备量，如图 2-23 所示。

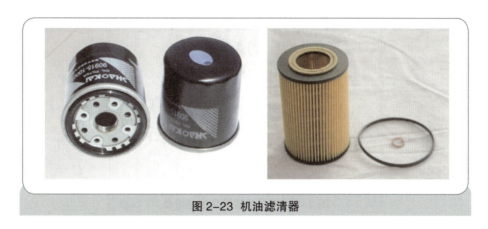

图 2-23 机油滤清器

（24）油底壳

油底壳是曲轴箱的下半部，又称为下曲轴箱。其作用是封闭曲轴箱，作为贮油槽的外壳，防止杂质进入，并收集和储存由发动机各摩擦表面流回的润滑油，散去部分热量，防止润滑油氧化，如图 2-24 所示。其常见故障有油底壳击穿、变形、漏油等。

（25）汽油泵

汽油泵的常见故障有电机损坏，出油单向阀工作面磨损致其密封性破坏，浮子结构卡滞等，如图 2-25 所示。

图 2-24 油底壳

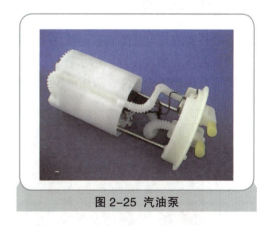

图 2-25 汽油泵

（26）汽油滤清器

采用电喷系统的汽车需要更清洁的燃油，因为哪怕是极微小的杂质也会磨损电喷系统中的精密零部件。因此电喷车需要专用的汽油滤清器，以过滤燃油中的杂质。汽油滤清器是组成电喷系统的重要零部件，只有原厂配套或超出配套品质的汽油滤清器才能提供电喷系统要求的清洁燃油，从而使发动机性能达到最优，同时也给发动机提供了最佳保护。

汽油滤清器的常见故障有因滤芯未及时维护而形成阻塞，属消耗件，不同类型的汽油滤清器如图 2-26 所示。

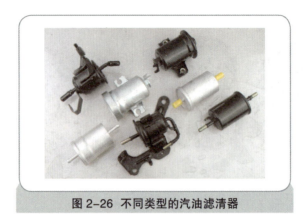

图 2-26 不同类型的汽油滤清器

（27）空气滤清器

空气滤清器是清除空气中的微粒杂质的装置。发动机在工作过程中要吸进大量的空气，如果空气不经过滤清，空气中悬浮的尘埃被吸入气缸，就会加速活塞组及气缸的磨损。较大的颗粒进入活塞与气缸之间，会造成严重的"拉缸"现象，这在干燥多沙的工作环境中尤为严重。空气滤清器装在节气门的前方，起到滤除空气中灰尘、砂粒的作用，保证气缸中进入足量、清洁的空气。

空气滤清器的常见故障有滤芯被尘土阻塞。保养时需要清洁或更换，实物如图 2-27 所示。

（28）散热器

散热器的常见故障除磕碰损伤外，还有因机械损伤而导致的漏水、水垢阻塞、因温度过高水汽膨胀压力增大而导致的水管裂纹漏水、因冬季未使用防冻液或未放尽冷却水而导致的被冻裂等。散热器属消耗件，消耗量较大，如图 2-28 所示。

图 2-27 空气滤清器

图 2-28 散热器

（29）节温器

节温器是控制冷却液流动路径的阀门。节温器是一种自动调温装置，通常含有感温组件，借着热胀或冷缩来开启、关掉液体的流动，如图 2-29 所示。

气温器的常见故障有蜡式感温体热疲劳感温性能变坏、机械损伤等。节温器属常备易耗件，应有足量备品。

（30）水泵

在汽车发动机的缸体里，有多条供冷却水循环的水道，与置于汽车前部的散热器（俗称水箱）通过水管相连接，构成一个大的水循环系统，在发动机的上出水口装有一个水泵，通过风扇皮带来带动，把发动机缸体水道内的热水泵出，把冷水泵入。在水泵的旁边还有一个节温器，汽车刚发动（冷车）时，不打开，使冷却水不经过水箱，只在发动机内循环（俗称小循环），待发动机的温度达到95℃以上时打开，发动机内的热水被泵入水箱，当汽车前行的冷风吹过水箱时，带走热量。

水泵的常见故障有壳体裂纹、轴承损坏、水封失效、壳体安装螺栓孔损裂等。用户大多更换总成，故水泵总成应有较大备量，如图2-30所示。

图2-29 节温器

图2-30 汽车水泵

（31）风扇皮带

风扇皮带的常见故障有疲劳伸长后传动失效，或因包布脱层而导致的破损和断裂。风扇皮带属易损件，需求量较大，如图2-31所示。

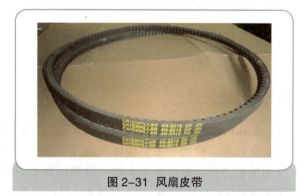
图2-31 风扇皮带

2. 底盘易损件

（1）离合器总成

离合器总成的常见故障有从动盘摩擦面片磨损、钢片裂纹、铆钉突出或摩擦片被油脂污染，分离轴承套筒、分离叉、分离杠杆等零件摩擦工作面的磨损等，摩擦片烧蚀、松脱，如图2-32所示。

（2）离合器从动盘总成

离合器从动盘总成的常见故障有波形弹簧钢片损裂、减震弹簧折断或弹性衰减，从动盘毂裂纹。其中摩擦片磨损减薄破裂和烧损更为常见。离合器从动盘总成如图2-33所示。

图2-32 摩擦片烧蚀、松脱

图2-33 离合器从动盘总成

（3）离合器机械式操纵机构

离合器操纵机构是驾驶员借以使离合器分离，而后又使之柔和接合的一套机构。它起始于离合器踏板，终于飞轮壳内的分离轴承。离合器操纵机构的结构形式应根据对操纵机构的要求、车型、整车结构、生产条件等因素确定。按照分离离合器所用传动装置的形式区分，有机械式、液压式和助力器式三种。其常见故障有机械式拉线及弹簧磨损导致离合器分离不彻底，液压式油压过低导致离合器分离不彻底，助力器或故障导致离合器分离迟钝。

（4）离合器液压式传动机构

离合器液压式传动机构的常见故障有活塞磨损，活塞的皮碗、皮圈磨损及橡胶老化，双向阀损坏，缸筒磨损等。

（5）变速器

变速器由变速传动机构和变速操纵机构两部分组成。变速传动机构的主要作用是改变转矩和转速的数值和方向；操纵机构的主要作用是控制传动机构，实现变速器传动比的变换，即实现换挡，以达到变速变矩。变速器如图2-34所示。

变速器的常见故障有齿顶撞击打毛、齿部崩裂、疲劳点蚀、齿厚磨损减薄、齿轮内磨损、间隙增大等。

图2-34 变速器

（6）传动轴

传动轴是万向传动装置中能够传递动力的轴。它是一个高转速、少支承的旋转体，因此它的动平衡是至关重要的。一般传动轴在出厂前都要进行动平衡试验，并在平衡机上进行调整。对于前置引擎后轮驱动的车来说，是把变速器的转动传到主减速器的轴。它可以是多节的，节与节之间可以由万向节连接，如图2-35所示。

传动轴的常见故障有万向节叉十字轴座孔磨损及配合松动，滑动叉及花键轴的键槽或键齿磨损松动，轴管变形弯曲，凸缘叉裂缝等。

图2-35 不同类型的传动轴

（7）万向节

万向节即万向接头，如图2-36所示，是实现变角度动力传递的机件，用于需要改变传动轴线方向的位置，是汽车驱动系统的万向传动装置的"关节"部件。万向节与传动轴组合，称为万向节传动装置。在前置发动机后轮驱动的车辆上，万向节传动装置安装在变速器输出轴与驱动桥主减速器输入轴之间；而前置发动机前轮驱动的车辆省略了传动轴，万向节安装在既负责驱动又负责转向的前桥半轴与车轮之间。

万向节的常见故障有十字轴轴径磨损形成滚针沟槽，轴承钢碗磨损使配合间隙超过规定值。

图2-36 万向节

（8）半轴

半轴也叫驱动轴，是将差速器与驱动轮连接起来的轴，如图2-37所示。半轴是变速箱减速器与驱动轮之间传递扭矩的轴，其内外端各有一个万向节，分别通过万向节上的花键与减速器齿轮及轮毂轴承内圈连接。

半轴的常见故障有过载或因冲击导致杆部断裂、扭曲，花键磨损，安装螺栓孔因螺栓松旷造成的磨损扩大或裂纹等。

图 2-37 半轴

（9）前轴

前轴是汽车的主要构造之一。其成品被称作"前轴总成"，因其利用转向节的摆转实现汽车转向，因此又称为转向桥，如图 2-38 所示。前轴位于汽车前部，因此又被称为"前桥"。为保证车辆的安全行驶，前轴设有适当的前轮定位角。

前轴的常见故障有受冲击负荷发生弯曲变形，主轴承孔因磨损扩大。

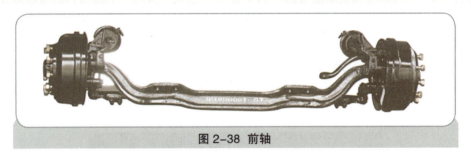

图 2-38 前轴

（10）转向节

转向节又被称为"羊角"，是汽车转向桥中的重要零件之一，如图 2-39 所示，能够使汽车稳定行驶并灵敏传递行驶方向。

转向节的功用是传递并承受汽车前部载荷，支承并带动前轮绕主销转动而使汽车转向。在汽车行驶状态下，它承受着多变的冲击载荷，因此，要求其具有较高的强度。转向节的常见故障有主销孔、指轴及轴径磨损，紧固螺纹损坏，指轴受冲击负荷弯曲变形、产生疲劳裂纹等。

图 2-39 转向节

（11）轮毂

轮毂是支撑轮胎的圆桶形的、中心装在轴上的金属部件。轮毂因直径、宽度、成型方式、材料不同而种类繁多，如图2-40所示。

图2-40 不同类型的轮毂

未及时维护或锁紧螺母松动或缺少润滑脂，使轴承早期损坏，车轮晃动导致轴承孔座损伤松旷，影响汽车正常运行。

（12）轮毂螺栓

轮毂螺栓是车辆连接车轮的高强度螺栓，如图2-41所示，其连接位置是车轮的轮毂单元轴承，一般微型车使用10.9级；大中型车辆使用12.9级，轮毂螺栓的结构一般是滚花键挡和螺纹挡；T型头部轮毂螺栓大多为8.8级及以上等级，承担汽车轮毂与车轴之间的大扭力连接；双头型轮毂螺栓大多为4.8级及以上等级，承担汽车外轮毂壳与轮胎之间较轻扭力的连接。

轮毂螺栓的常见故障有螺纹破坏缺损，甚至受冲击负荷而折断。

（13）钢板弹簧

钢板弹簧是汽车悬架中应用最广泛的一种弹性元件，如图2-42所示，是由若干片等宽但不等长（厚度可以相等，也可以不相等）的合金弹簧片组合而成的一根近似等强度的弹性梁。

钢板弹簧的常见故障有弹性衰减（硬度过高或隐藏裂缝）或折断。

图2-41 轮毂螺栓

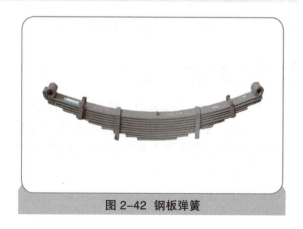

图2-42 钢板弹簧

(14) 螺旋弹簧

螺旋弹簧承载车身质量，也就是说，平常车辆的质量大部分都是由弹簧来承担的。

螺旋弹簧的作用是减缓道路颠簸，如图2-43所示。螺旋弹簧是缓冲元件，当路面对轮子的冲击力传到螺旋弹簧时，螺旋弹簧产生变形，吸收轮子的动能，转换为螺旋弹簧的位能（势能），从而缓和了地面的冲击对车身的影响。但是，螺旋弹簧本身不消耗能量，储存了位能的弹簧将恢复原来的形状，把位能重新变为动能。

螺旋弹簧的常见故障有断裂、弹性衰减和变形。

图2-43 螺旋弹簧

(15) 钢板弹簧衬套

图2-44所示为钢板弹簧衬套，其常见故障有自然磨损、破裂、压溃。

(16) 减震器和减震器胶套及缓冲胶

减震器和减震器胶套及缓冲胶的常见故障有阻尼减震性能衰减、变坏或失效，如图2-45所示。

图2-44 钢板弹簧衬套

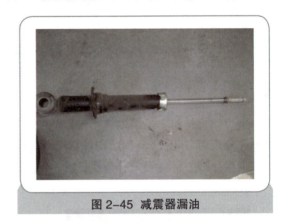

图2-45 减震器漏油

(17) 转向盘

转向盘（Steering Wheel）即方向盘，如图2-46所示。转向盘一般通过花键与转向轴相连。

转向盘的常见故障有外包塑料老化产生裂缝，转向盘变形，中央轮毂内孔键槽或花键因工作疲劳或维修拆装损伤，喇叭安装结构损伤等。

(18) 转向器

转向器的作用是把来自转向盘的转向力矩和转向角进行适当的变换（主要是减速增矩），再输出给转向拉杆机构，从而使汽车转向，所以转向器本质上就是减速传动装置。转向器（见图2-47）有多种类型，如齿轮齿条式、循环球式、蜗杆曲柄指销式等。

图 2-46 转向盘

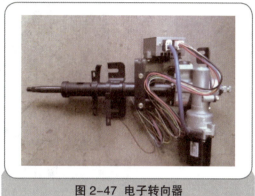

图 2-47 电子转向器

转向器的常见故障有转向柱管变形偏离中心、齿轮调整失准或磨损、支承轴承损坏、齿轮磨损、间隙增大等。

(19) 动力转向装置

动力转向装置的常见故障有动力泵油压不足、控制阀卡住或失灵、液压系统泄漏或进入空气、动力泵零件磨损等。

(20) 直拉杆与横拉杆

直拉杆和横拉杆是汽车转向系统的两个主要零件。直拉杆是方向机拉臂和转向节左臂连接的一个杆，把方向机动力传给转向节后就可以控制车轮了。横拉杆（见图2-48）连接左右转向臂，一可以使两个车轮同步；二可以调正前束。转向拉杆末端通过球节与转向节相连，由于直接转动车轮用力较大，故现在大部分车采用助力转向，减轻驾驶者的用力，也使转向更灵活、易操作。

直拉杆与横拉杆的易损件为球销、球销碗、弹簧座、弹簧、防尘罩等。

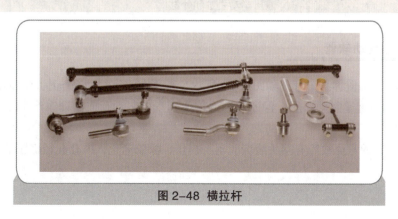

图 2-48 横拉杆

（21）空调压缩机

汽车空调压缩机（见图2-49）是汽车空调制冷系统的心脏，起着压缩和输送制冷剂的作用。其常见故障有活塞组零件磨损、排气阀阀片磨损、连杆轴承磨损等。

图2-49 空调压缩机

（22）液压制动主缸和轮缸

液压制动主缸和轮缸如图2-50所示。除正常使用磨损、渗漏油液之外，往往因皮碗质量不好或配合尺寸选用不当，以及活塞与缸孔磨损后间隙过大，皮碗刃口反向等使制动失效。

图2-50 液压制动主缸和轮缸

（23）液压制动软管

液压制动软管（俗称刹车管）如图2-51所示，是用在汽车制动系统中的零部件，其主要作用是在汽车制动中传递制动介质，保证制动力传递到汽车制动蹄或制动钳产生制动力，从而使制动随时有效。

液压制动软管的常见故障有接头疲劳脱落、损伤、橡胶老化、内孔孔径膨胀缩小或阻塞，属易耗品。

(24)气压制动软管

气压制动软管如图 2-52 所示,常见故障有偶然发生脱头及起鼓分层等现象,与轮胎胎面摩擦而磨损(前轮)及橡胶老化膨胀,内径阻塞或油污阻塞等。

图 2-51 液压制动软管

图 2-52 气压制动软管

(25)前、后制动片

制动片也叫刹车片,如图 2-53 所示,是汽车的制动系统中最关键的安全零件,所有刹车效果的好坏都是由制动片决定的。

前、后制动片的常见故障有磨损、烧蚀、破裂等,属使用频繁、工作条件恶劣的易损件,消耗量很大。

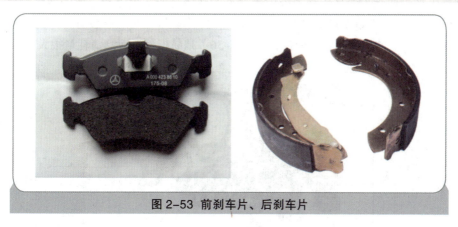

图 2-53 前刹车片、后刹车片

(26)盘式制动器

盘式制动器摩擦副中的旋转元件以端面工作的金属圆盘,称为制动盘,如图 2-54 所示。摩擦元件从两侧夹紧制动盘而产生制动。固定元件则有多种结构形式,大体上可将盘式制动器分为钳盘式和全盘式两类。

盘式制动器的常见故障有受粉尘侵袭、磨损等。

（27）鼓式制动器

鼓式制动器（见图2-55）是利用制动传动机构使制动蹄将制动摩擦片压紧在制动鼓内侧，从而产生制动力，根据需要使车轮减速或在最短的距离内停车，以确保行车安全，并保障汽车停放可靠不能自动滑移。

图2-54 盘式制动器

图2-55 鼓式制动器

鼓式制动器的制动效能和散热性较差，制动力稳定性差，在不同路面上制动力变化很大，不易掌控。由于其散热性能差，因此在制动过程中会聚集大量的热量。制动块和轮鼓在高温影响下较易发生极为复杂的变形，容易产生制动衰退和振抖现象，引起制动效率下降。

（28）油封

油封是用来封油脂（油是传动系统中最常见的液体物质，也泛指一般的液体物质）的机械元件，将传动部件中需要润滑的部件与出力部件隔离，不至于让润滑油渗漏。静密封和动密封（一般往复运动）用密封件统称油封。油封（见图2-56）是易损件，而且消耗量很大。

图2-56 不同类型的油封

（29）滚动轴承

滚动轴承（见图2-57）是将运转的轴与轴座之间的滑动摩擦变为滚动摩擦，从而减少摩擦损失的一种精密的机械元件。

滚动轴承是受力很大的滚动摩擦零件，是易损件且通用性很广。

(30) 汽车轮胎

汽车轮胎与地面滚动摩擦产生高热，胎面磨耗快，也易受外物作用割伤或扎伤，使用不当则会爆胎。汽车轮胎（见图 2-58）是消耗量较大的易损件，应多备。

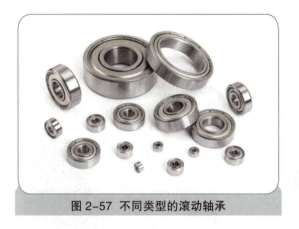

图 2-57 不同类型的滚动轴承

图 2-58 不同规格的汽车轮胎

3. 电气设备易损件

(1) 发电机

汽车发电机（见图 2-59）是汽车的主要电源，其功用是在发动机正常运转时（怠速以上）向所有用电设备（起动机除外）供电，同时向蓄电池充电。其常见故障有绕组断路、短路，电枢轴承磨损，机壳及盖损伤等。硅整流发电机的硅管受高峰电压的冲击而击穿损坏也较常见。

(2) 起动机

起动机又叫马达，如图 2-60 所示，它将蓄电池的电能转化为机械能，驱动发动机飞轮旋转实现发动机的起动。

起动机的常见故障有起动开关触点烧蚀，电磁开关绕组及电枢、磁极励磁绕组的断路、短路，换向器磨损，轴承损坏，拨叉移动调节距离失准，驱动齿轮损伤等。

图 2-59 汽车发电机

图 2-60 汽车起动机

(3）蓄电池

蓄电池的常见故障有壳体撞击裂纹、漏液、极板活性物质脱落沉淀于壳底、隔板微孔被活性物质阻塞使内阻增加，单电池连接铅条脱焊松动，电池室因电液不足而使极板硫化等。蓄电池属易损件，应有较大备量。蓄电池极板硫酸化如图2-61所示。

(4）点火线圈

点火线圈的常见故障有绝缘胶木上盖磕碰破损、高压电流击穿、绝缘破坏、绕组断路或过热烧坏、接线柱接线脱焊、潮气侵到罐内等所致的变压功能失效。胶圈内的裂口如图2-62所示。

图2-61 蓄电池极板硫酸化

图2-62 胶圈内的裂口

4．车身易损件

- 纵梁：弯曲变形和裂缝，如图2-63所示。
- 蒸发器及壳体：发生碰撞，严重弯曲或破裂。
- 驾驶室：钣金蒙皮锈蚀、碰撞变形、车门碰撞变形、玻璃破碎、玻璃升降器损坏和门锁损坏等。
- 翼子板、托架、前后轮挡泥板：碰撞损坏、振动裂缝和泥水锈蚀。
- 保险杠、牌照板、车外后视镜：常因碰撞而损坏。
- 装饰条、车门槛嵌条、立柱饰板：均属易损件。

图2-63 纵梁严重弯曲变形

二、汽车燃油

目前市场上销售的汽油有90号、92号、93号、95号、97号等，这些数字代表汽油的辛烷值，也就是代表汽油的抗爆性，与汽油的清洁度无关。按照发动机的压缩比或汽车使用说明书的要求加油更科学，更经济，并能充分发挥发动机的效率。

汽车发动机在设计阶段，会根据压缩比设定所用燃油的标号。压缩比是发动机的一个非常重要的结构参数，表示活塞在下止点压缩开始时的气体体积与活塞在上止点压缩终了时的气体体积之比。从动力性和经济性方面来说，压缩比应该越大越好。压缩比高，动力性好，热效率高，车辆加速性、最高车速等会相应提高。但是受气缸材料性能以及汽油燃烧爆震的制约，汽油机的压缩比又不能太大。简单地说，高压缩比车使用高标号的燃油。燃油标号越高，油的燃烧速度就越慢，燃烧爆震就越低，发动机需要较高的压缩比；反之，低标号燃油的燃烧速度较快，燃烧爆震大，发动机压缩比较低。

燃油的标号还涉及发动机点火正时的问题。低标号汽油燃烧速度快，点火提前角要滞后；高标号燃油燃烧速度慢，点火提前角要提前。例如一台发动机按照说明书要求应加 97 号汽油，现在加了 90 号汽油，可能会造成发动机起动困难；加速时，发动机内有清脆的金属敲击声；长途行车后，关闭点火开关时发动机抖动。

选择汽油标号的主要依据是发动机的压缩比。盲目使用高标号汽油，不仅会在行驶中产生加速无力的现象，而且其高抗爆性的优势无法发挥出来，还会造成金钱的浪费。

1. 油号的基本概念

（1）压缩比

发动机的压缩比是汽车选择汽油标号的首要标准，也是当代汽车的核心节能指标。

发动机的运行是由气缸的"吸气→压缩→燃烧→排气→吸气"这样周而复始的运动组成的，活塞在行程的最远点和最近点时的气缸体积之比就是压缩比。降低油耗效果最好的方法就是提高发动机的压缩比。提高压缩比只是改变活塞行程，混合油气压缩得越厉害，它燃烧的反作用越大，燃烧越充分。但压缩比不是轻易能变的，因为得有另一个指标配合，即汽油的抗爆性指标，亦称辛烷值，即汽油标号。

（2）爆震与抗爆性

一般认为，活塞在压缩行程的上止点后 10° 左右，燃烧产生最大压力时，推动活塞的力度最大。比如当转速为 1 000 r/min 时，燃烧过程相当于曲轴转角的 20°，就是说提前 10° 点火，发动机最有力。而到了 4 000 r/min，活塞运动过快，燃烧过程就相当于曲轴转角的 60°，就需要提前 50° 点火。就这样，随转速的提高，点火越来越提前，最终会达到一个转速，还没点火，油气就烧起来了，这就是爆震。汽油的标号决定了爆震点的早晚，其实也就是决定了发动机的功率大小。燃油的抗爆震性能随它的组成而异。燃油的抗爆震性越高，发动机的压缩比也可能越高，发动机的经济性和动力性也都会得到提高。

确定燃油的抗爆性是很困难的，因为燃油的抗爆性不仅取决于燃油的性质，还随发动机的形式、空燃比、冷却水温度、进气温度、点火提前角、气门定时等而变化。

（3）辛烷值的标号

评定燃油的抗爆性有两种方法：马达法和研究法。评定工作一般在一台专门设计的可变压缩比的单缸发动机上进行。

马达法规定试验工况为：进气温度为149 ℃，冷却水温度为100 ℃，发动机转速为900 r/min，点火提前角为上止点前14°~26°。试验时，先用被测定燃油工作，逐渐改变压缩比，直到爆震仪上指出标准爆震强度为止。然后，保持压缩比等条件不变，换用标准燃油工作。标准燃油是抗爆性很高的异辛烷 C_8H_{18}（规定其辛烷值为100）和易爆燃的正庚烷（规定其辛烷值为0）的混合液。逐渐改变异辛烷和正庚烷的比例，直到标准燃油所产生的爆燃强度与上述被测燃油相同为止。这时标准燃油中所含异辛烷的体积百分数就是被测燃油的辛烷值。辛烷值越高，燃油的抗爆性越好，反之抗爆性就差。例如，某燃油辛烷值为80，这就是说该燃油与含异辛烷80%和正庚烷20%的混合液的抗爆性相同。这就是对燃油抗爆性的评价标准。

研究法与马达法的试验方法相同，只是规定的试验条件不同而已。

研究法规定的工况为：进气温度为51.7 ℃，冷却水温度为100 ℃，发动机转速为600 r/min，点火提前角为13°。

由于马达法规定的条件比研究法苛刻，因此所测出的辛烷值比较低。同一种燃油用马达法测出的辛烷值为85时，相当于研究法辛烷值为92；马达法测出90时，研究法测出97。现在加油站用的是研究法辛烷值。

一般来说，工厂提高汽油辛烷值的途径有三个：一是选择良好的原料和改进加工工艺，例如采用催化裂化、重整等二次加工工艺；二是向产品中调入抗爆性优良的高辛烷值成分，例如异辛烷、异丙苯、烷基苯等；三是加入抗爆剂。

2. 降标用油与超标用油

93号油比90号油贵5%，但能耗也小5%左右，从百公里耗油经济性比较，理论上是相等的。但考虑93号油匹配的高压缩比发动机用90号油时会发生二次燃烧和不完全燃烧现象，将额外损失5%~8%的功率，再考虑对车辆造成的维护费增加、车况下降、寿命减少等一系列后果，降标用油的节省费用就抵消了。

汽油是极易挥发的液体，零下30 ℃时仍有可燃成分挥发出来，当汽油标号过低时，压缩的混合油气将在点火前自燃。点火时，已开始自燃的油气又将产生强烈爆炸，使原先精确设计的燃烧程序失控，一部分汽油做了负功；一部分因为燃烧过程与活塞行程不同步而不能完全燃烧，造成进气门和缸内严重积炭，油耗增加，尾气恶劣。当汽车高速行驶时，混乱的燃烧过程将产生连续爆震，严重损伤发动机，造成火花塞绝缘破裂、电极过度燃烧、活塞敲缸、活塞环卡死、气门烧蚀等后果。

三、发动机机油

机油，即发动机润滑油，如图2-64所示，密度约为 $0.91 \times 10^3 \text{ kg/m}^3$，能对发动机起到润滑减磨、辅助冷却降温、密封防漏、防锈防蚀、减震缓冲等作用。机油被誉为汽车的"血液"。发动机是汽车的心脏，其内有许多相互摩擦运动的金属表面，这些部件运动速度快、环境差，工作温度可达400 ℃~600 ℃。在这样恶劣的工况下，只有合格的润滑油才可降低发动机零件的磨损，延长使用寿命。

市场上的机油因其基础油不同可简单分为矿物油和合成油两种（植物油因产量稀少不计）。合成油又分为全合成油和半合成油。全合成机油是最高等级的。

机油由基础油和添加剂两部分组成。基础油是润滑油的主要成分，决定着润滑油的基本性质；添加剂则可弥补和改善基础油性能方面的不足，赋予其某些新的性能，是润滑油的重要组成部分。

润滑油的基础油主要分矿物基础油和合成基础油两大类。矿物基础油应用广泛，用量很大（95%以上），但有些应用场合则必须使用合成基础油调配的产品。

图2-64 发动机机油

1. 机油的分类及不同特征

汽车机油质量的标准采用的是API等级，也就是美国石油学会（API）提出的标准，通过简单的代码来区分发动机机油的工作能力，API等级分为两类，一类是以字母"S"开头的汽油发动机用油，一类则是以字母"C"开头的柴油发动机用油。

目前来说汽油发动机用油的等级有从APISA到APISN十几种，而柴油发动机用油等级则是从APICA开始，到CF、CF-2、CJ-4等等，在字母"S"和"C"后面的字母越大，机油的性能就更好，其质量等级也就越高，其中"-4"代表四冲程机油，若是"S"和"C"同在，则是汽柴通用机油。

除了机油的质量等级外，就是汽车机油的黏度了，也就是根据美国汽车工程师学会（SAE）的SAE分类。根据SAE分类，能够和汽油混合燃烧的二冲程机油有两个黏度级别，为SAE20和SAE30。相比之下不参与发动机燃烧的四冲程机油的SAE分类就要复杂一些；四冲程机油就比较常见了，其冬季用油的分类有0w、5w、10w等，字母"w"代表冬季，w前的数字越小，其适用的最低气温就更低，夏季用油的分类则是20、30、40等，数字越大，适用的最高气温越高，当然我们一般用的机油是将两者相结合，如5w20、5w30、5w40等。合成油比一般的矿物油具有较高的黏度指数，随温度转变而产生的黏度变化很小，因此在高温及严寒情况下，仍能维持适当的黏度，进而对汽车提供合适的保护。另外，合成油因氧化而产生酸质、油泥的趋势小，在各种恶劣操作条件下，对发动机都能提供适当的润滑和有效的保护，因而具有更长的使用寿命。

2. 机油的选择和使用依据

（1）依品质来区别

矿物油和合成油两者最大的差别在于：合成油使用的温度更广，使用期限更长，以及成本更高；同样的油膜要求，合成油用较低的黏度就可达成，而矿物油就需用相对于合成油较高的黏度才可达到要求。在相同的工作环境里，合成油因为使用期限比矿物油长很多，虽然成本较高，但是比较换油次数之后两者成本相差不大。

（2）依黏度来区分

黏度是指流体（含气体及液体）流动时其内部的摩擦力，即流滞阻力。一般润滑油都会提供在华氏40°F及华氏100°F时的黏度，40°F是相对于冷车时的状况，而100°F是高速运转或塞车时的情况。如果黏度太高，则所产生的阻力也会相对提高，会产生以下不利影响：

● 影响冷车时发动机的起动，在低温时会更明显，例如冬季到雪山赏雪，20 W-50 就不如 5 W-40 易起动。

● 增加耗油量。黏度高的机油阻力也高，会使发动机内部机件的运转产生更高的摩擦阻力，耗油量因而增加。

● 增加起动时发动机的磨损。发动机在一段时间不工作时，原本附着在上部的机油会流回油底壳，上部缺乏足够的机油来保护在起动状况下的发动机，如果机油黏度大流动就慢，则磨损的概率就会增加。

● 如果机油黏度太大，则内部阻力较大，阻力会转换成热能，使机件操作时温度升高。

3. 机油质量的鉴别

（1）新机油质量的鉴别与选用

目前，市场出售的机油并非均为"纯洁"机油，以次充好、以劣充优的现象也会存在。当你需要购买机油时，如果不具备质量鉴别和牌号识别能力，则应请专门的技术员或经验丰富的技工帮助选择。

1）观察机油颜色

国产正牌散装机油多为浅蓝色，具有明亮的光泽，流动均匀。凡是颜色不均、流动时带有异色线条者均为伪劣或变质机油，使用此类机油，将严重损害发动机。进口机油的颜色为金黄略带蓝色，晶莹透明，油桶制造精致，图案字码的边缘清晰、整齐，无漏色和重叠现象，否则为假货。

2）识别机油牌号和试验黏度

国产桶装机油分汽油机油和柴油机油两种。汽油机油按黏度分为 HQ-6、HQ-6D、HQ-10 和 HQ-15 四种牌号，气温低时应选用牌号数字小的或带"D"字的机油，气温高时应选用牌号数字大的机油。柴油机油按黏度分为 HC-8、HC-11 和 HC-14 三种牌号，选用原则与汽油机相同。随着我国机械行业与国际标准逐步接轨，机油的牌号也逐渐与国际标准相适应，目前有些国产机油的牌号已使用进口机油标准牌号，具体选用方法与下述相同。

进口机油以丰田纯牌机油为例：高级轿车应使用 5 W-40 全天候机油，虽然价格较高，但它能确保高级轿车的润滑效果；增压柴油机应使用 CD-30 机油；一般车辆冬季使用 SG10 W-30 机油，夏季使用 SG-30 机油。

3）闻气味

合格的机油应无特别的气味，只略带芳香。凡是对嗅觉刺激大且有异味的机油，均为变质或劣质机油，绝对不可使用。

（2）使用中机油的鉴别

鉴别使用中机油的质量，是确定是否需要更换机油的依据。

1）搓捻鉴别

取出油底壳中的少许机油，放在手指上搓捻。搓捻时，如有黏稠感觉，并有拉丝现象，则说明机油未变质，仍可继续使用，否则应更换。

2）油尺鉴别

抽出机油标尺对着光亮处观察刻度线是否清晰，当透过油尺上的机油看不清刻线时，说明机油过脏，需立即更换。

3）倾倒鉴别

取油底壳中的少量机油注入一容器内，然后从容器中慢慢倒出，观察油流的光泽和黏度。若油流能保持细长且均匀，则说明机油内没有胶质及杂质，还可使用一段时间，否则应更换。

4）油滴检查

在白纸上滴一滴油底壳中的机油，若油滴中心黑点很大，呈黑褐色且均匀无颗粒，周围黄色浸润很小，则说明机油变质应更换。若油滴中心黑点小而且颜色较浅，周围的黄色浸润痕迹较大，则表明机油还可以使用。

四、齿轮油与润滑脂

1. 齿轮油

齿轮油是以石油润滑油基础油或合成润滑油为主，加入极压抗磨剂和油性剂调制而成的一种重要的润滑油，如图 2-65 所示。

齿轮油应具有良好的抗磨、耐负荷性能和合适的黏度。此外，还应具有良好的热氧化安定性、抗泡性、水分离性和防锈性。由于齿轮负荷一般都在 490 MPa（兆帕）以上，双曲线齿面负荷高达 2 942 MPa，为防止油膜破裂造成齿面磨损和擦伤，在齿轮油中常加入极压抗磨剂，普遍采用硫－磷或硫－磷－氮型添加剂。齿轮油的用量占润滑油总量的 6%~8%。齿轮油是性能优异的润滑油。

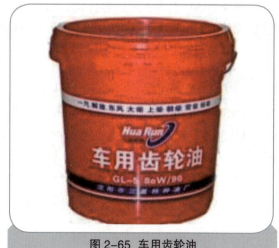

图 2-65 车用齿轮油

齿轮油一般要求具备以下 6 条基本性能：

（1）黏度

选择合适的黏度及良好的黏温性，黏度是齿轮油最基本的性能。黏度大，形成的润滑油膜较厚，抗负载能力相对较大。

（2）足够的极压抗磨性

极压抗磨性是齿轮油最重要的性质和最主要的特点，是赖以防止运动中齿面磨损、擦伤、胶合的性能。

（3）良好的抗乳化性

齿轮油遇水发生乳化变质会严重影响润滑油膜形成，从而引起擦伤、磨损。

（4）良好的氧化安定性和热安定性

良好的氧化安定性和热安定性保证油品的使用寿命。

（5）良好的抗泡性

生成的泡沫不能很快消失将影响齿轮啮合处油膜形成。夹带泡沫使实际工作油量减少，影响散热。

（6）良好的防锈防腐蚀性

腐蚀和锈蚀不仅破坏齿轮的几何学特点和润滑状态，而且其产物会进一步引起齿轮油变质，产生恶性循环。

齿轮油还应具备其他一些性能，如黏附性、剪切安定性等。目前我国多数中、重负荷工业齿轮油所用的极压添加剂以硫磷型为主，与国外同类产品质量水平相当。

2．润滑脂

汽车用润滑脂主要是汽车轮毂轴承用润滑脂和汽车底盘各连接点用润滑脂，如万向节用脂、传动轴用脂等。汽车用润滑脂如图 2-66 所示。润滑脂是固体或半流体润滑剂，适用于不能采用循环润滑方式的汽车零件的润滑。

图 2-66 汽车用润滑脂

车用润滑脂又称黄油，是人们对常用的钙基润滑脂的简称。润滑脂是在液体润滑剂（基础油）中加入稠化剂或其他组分制成的半流或固体润滑材料。基础油、稠化剂的类型和加量对润滑脂的使用性能有重要影响。为了达到润滑脂的某项或某些使用性能，往往在润滑脂中加入功能性添加剂或结构改进剂。润滑脂具有在低负荷时呈现固体性质，而在某个临界负荷时开始塑性变形，但卸掉负荷后又恢复固体的性质。

良好的润滑脂应具备如下性能：适用温度范围宽；耐负荷性好；耐水性适中，不易分油，应保持特定的结构，在使用中不易改变，混入少量杂质后仍能保持原有的有效特性；剪切安定性好，在受到剪切作用和环境温度影响后，其质量指标变化不超出一定范围；低温下不易变硬；具有良好的防腐防锈作用。

五、汽车工作液

1. 汽车制动液

制动液是液压制动系统中传递制动压力的液态介质，用在采用液压制动系统的车辆中。制动液又称刹车油（见图 2-67），它的英文名为 Brake Fluid，是制动系统中不可缺少的部分。在制动系统中，它作为一个力传递的介质，因为液体是不能被压缩的，所以从总泵输出的压力会通过制动液直接传递至分泵之中。

图 2-67 制动液

（1）汽车制动液性能要求

黏性好，凝固点低，低温流动性好；沸点高，高温下不产生气阻；使用过程中品质变化小，不会引起金属件和橡胶件的腐蚀和变质。

（2）汽车制动液类型

1）蓖麻油醇型

蓖麻油醇型汽车制动液是用精制蓖麻油和乙醇按 1∶1 的比例配制而成的。在寒冷地区，用蓖麻油34%、丙三醇（甘油）13%、乙醇53%配制成的制动液，在-35℃左右仍能保证正常制动，但沸点低，易产生气阻。

2）合成型

合成型汽车制动液是用醚、醇、酯等掺入润滑、抗氧化、防锈、抗橡胶溶胀等添加剂制成的，使用性能良好，工作温度高达150℃，但价格较高。

3）矿油型

矿油型汽车制动液是用精制的轻柴油馏分加入稠化剂和其他添加剂制成的，工作温度范围为70℃~150℃。它的使用性能良好，但制动系统需配用耐矿油的橡胶件。中国的矿油型制动液分"7号"和"9号"两种。"7号"用于严寒地区，"9号"用于气温不低于25℃的地区。各种制动液不可混存和混用，否则会出现分层而失去作用。

（3）汽车制动液的储放位置

汽车制动液的储放位置：面包车一般储放在转向盘左边；轿车一般打开发动机盖，在真空助力器旁可以找到，如图2-68所示，也就是在正对制动踏板的地方，制动主缸上边。

制动液在使用一定时间后，会出现沸点降低、污染及不同程度的氧化变质。所以，应根据气候、环境条件、季节变化及工况及时检查其质量性能并及时更换。普通工况下，制动液在使用2年或50 000 km后就应更换。

图2-68 制动液加注位置

2. 发动机冷却液

冷却液，又称防冻液，主要功能为保护发动机正常良好运行，在发动机冷却系统内循环，有防冻、防沸、防锈、防腐蚀等作用。大多冷却液（见图2-69）的颜色为红色或绿色，以观察是否泄漏，或与发动机其他液体相区别，避免混淆。

冷却液是汽车发动机不可缺少的一部分。它在发动机冷却系统中循环流动，将发动机工作中产生的多余热能带走，使发动机能以正常工作温度运转。冷却液不足会使发动机水温过高，从而导致发动机机件损坏。车主一旦发现冷却液不足，应该及时添加。不过冷却液也不能随便添加，因为除了冷却作用外，冷却液还应具有以下功能。

图 2-69 发动机冷却液

（1）冬季防冻

为了防止汽车在冬季停车后，冷却液结冰而造成水箱、发动机缸体胀裂，要求冷却液的冰点应低于该地区最低温度 10 ℃左右，以备天气突变。

（2）防腐蚀

冷却液应该具有防止金属部件腐蚀、防止橡胶件老化的作用。

（3）防水垢

冷却液在循环中应尽可能少地减少水垢的产生，以免堵塞循环管道，影响冷却系统的散热功能。综上所述，车主在选用、添加冷却液时，应该慎重。首先，应该根据具体情况去选择合适配比的冷却液。其次，添加冷却液时，将选择好配比的冷却液添加到水箱中，使液面达到规定位置即可。

（4）高沸点

符合国家标准的冷却液，沸点通常都超过 105 ℃，冷却液能耐受更高的温度而不沸腾（开锅），在一定程度上满足了高负荷发动机散热冷却的需要。

任务二 汽车美容用品

汽车美容用品就是汽车美容用到的物品。汽车美容主要包括车表美容（汽车清洗、除去油性污渍、新车开蜡、旧车开蜡、镀件翻新和轮胎翻新）、车饰美容（发动机美容护理和后备厢清洁、座套坐垫清洗、仪表盘清洗护理）、漆面美容（漆面失光处理、漆面划痕处理和喷漆）、汽车防护（粘贴防爆太阳膜、安装防盗器、安装语音报警系统和安装静电放电器）和汽车精品（汽车香水、车室净化、装饰贴和各种垫套）5个方面。

一、车表美容用品及车饰美容用品

1. 汽车清洗剂的主要成分

（1）表面活性物质

表面活性物质亦称表面活性剂或界面活性剂，是一种能显著降低液体表面张力的物质，是清洗剂中不可缺少的成分。汽车清洗剂中的表面活性物质主要有软肥皂和合成清洗剂。

（2）水玻璃

水玻璃的化学名称为硅酸钠。它在清洗剂中的主要作用是能够使溶液的pH值几乎维持不变。在清洗过程中，酸性污垢必定耗用碱盐，水玻璃维持溶液碱性的缓冲效果约为其他碱盐的2倍，因此能降低清洗剂的消耗。水玻璃具有很好的悬浮或稳定悬浮系统的能力。这一能力是水玻璃和活性物质同时使用时能提高去污能力的重要因素。

（3）磷酸盐

磷酸盐有磷酸三钠、磷酸氢二钠和综合碳酸钠等多种。在清洗剂配方中以缩合磷酸盐最重要。磷酸三钠又称正磷酸钠，它的1%溶液在室温时的pH值为12。由于它的碱性太强，因此在清洗剂中用料不能太多。在配方中它能增加清洗剂溶液的润湿能力，有一定的乳化能力，但它主要的作用是软化水质。

（4）油脂

碱性物质附着在金属表面的油脂，大体上可分为动、植物油和矿物油脂两大类。前者是脂肪，和苛性钠一起被加热时会发生皂化反应，生成肥皂和甘油。这些产物都溶于水，此时生成的碱皂是极性分子，极性端被水吸引，非极性端被油吸引，因此溶剂的表面张力降低，油和溶液完全接触。溶液可以渗透到油的内部，油脂膨胀并被溶液润湿，从而使它和金属间的附着力减少，最后变成微小的颗粒而分散在溶液中发生乳化。

（5）溶剂

溶剂是表面清洗剂的主体，连同表面活性剂等添加剂一起，共同对污垢起化学反应，达到清洗除垢的目的。溶剂主要有水基溶剂和油基溶剂两种，水基溶剂主要是水，油基溶剂主要有汽油、煤油、松节油等。

（6）摩擦剂

摩擦剂是增加与清洗表面接触、摩擦的物质，如硅藻土等。

2. 汽车清洗剂系列产品

清洗剂主要有多功能清洗剂、去油剂和溶剂三大类。

（1）多功能清洗剂

多功能清洗剂主要用于清洗汽车表面灰尘、油污等，且在清洗的同时进行漆面护理。多功能清洗剂又分车身表面清洗、汽车室外清洗、汽车室内清洗三大类。

1）蓖麻油醇型

①二合一清洗剂

二合一清洗剂既有清洗功能，又有上蜡功效，将清洁、护理二合一，可以满足快速清洗兼打蜡的要求。这类产品主要由多种表面活性剂配制而成，上蜡成分是一种具有独特配方的水蜡。清洗作业中，洗车后直接用毛巾擦干，再用无纺棉轻轻抛光，可以在车身漆面形成一层蜡膜，增加车身鲜艳程度。这种清洗剂可以用作汽车的日常护理，适合刚做过专业美容的汽车或者只愿花较低费用洗车打蜡的汽车。

②香波型清洗剂

香波型清洗剂分汽车香波、洗车香波、清洁香波等品种。这类产品具有不破坏漆膜、不腐蚀漆面、液体浓缩、泡沫丰富、成本低等优点。香波清洗剂含有表面活性剂，能有效去除车身表面的尘土和油污，有的产品还含有阳离子表面活性剂成分，能去除车身携带的静电。

③脱蜡清洗剂

脱蜡清洗剂含柔和性溶剂，不仅能去除车身油污，而且能脱蜡，主要适用于重新打蜡前的车身清洗。

④水系清洗剂

国内外汽车专业美容行业中广泛采用水系清洗剂。这种汽车清洗剂不同于除油脱脂剂。其配方中基本不含碱性盐类，一般由多种表面活性剂配制而成，具有很强的浸润和分散能力，能够有效地去除车身表面的尘埃、油污。

⑤增光型清洗剂

增光型清洗剂是一种集清洁、增光、保护于一身的超浓缩洗车液，使用时能够产生丰富的泡沫，具有良好的清洁效果。其独特的增光配方可以在车漆表面形成一层高透明的蜡质保护膜，令漆面光洁亮丽，给人焕然一新的感觉。

2）汽车室外清洗类产品

①不脱蜡洗车液

不脱蜡洗车液非常柔和，不会把原有的车蜡洗掉，但可以有效清洗泥土及油垢。

②上光洗车液

上光洗车液产品集水蜡与清洗功能为一体，既洗车又打蜡。像洗车一样方便，车像打过蜡一样有光泽。使用时，先将车冲净，将上光清洗液擦涂于车体表面，然后直接用毛巾擦干，之后再用无纺棉轻轻抛光。

3）汽车室内清洗类产品

①多功能清洁柔顺剂

多功能清洁柔顺剂能对汽车内饰及后备厢各部位进行清洗翻新。去污能力强，尤其对丝绒及地毯表面可起到清洁、柔顺、还原着色、杀菌的作用。

②丝绒清洁保护剂

丝绒清洁保护剂具有泡沫丰富、去污力强，洗后留有硅酮保护膜，可恢复绒织物原状，防止脏物浸入的特点，可对毛绒、丝绒、棉绒等织物进行清洁和保护。

③化纤清洗剂

化纤清洗剂特别增强了清洗内室化纤制品的功能，对车用地毯、沙发套等化纤制品上的污垢有很好的清洗效果，而且不会伤害化纤制品。

④塑胶清洁上光剂

塑胶清洁上光剂主要用于塑料及橡胶制品的清洁与护理，清除污垢的同时能在塑胶制品表面形成一层保护膜，因而具有翻新效果。

⑤真皮清洁增光剂

真皮清洁增光剂主要用于皮革制品的清洁与护理，清除污垢的同时能在皮革制品表面形成一层保护膜，起到抗老化、防水、防静电的作用，可以有效延长皮革制品的使用寿命。

⑥多功能内室光亮剂

多功能内室光亮剂不仅可对室内不同材料的物品进行清洗，而且可起到上光、保护、杀菌的作用，并有防止内室部件老化、龟裂及褪色的功效。

⑦车内仪表板清洁剂

车内仪表板清洁剂能保持车内人造革及皮革的光泽，使灰尘无法沾污，有柠檬香味，不含硅力康，不会破坏漆膜。其主要适用于车门、仪表板、合成橡胶、塑料制品、人造革及真皮制品的表面清洗。

⑧玻璃清洗液

玻璃清洗液主要用于去除玻璃上积累的白色雾状膜，如各种内饰清洗剂、清新剂、烟等造成的静电油脂，同时可有效地去除鸟粪、油泥及尘土，又因是水质，也可用于电镀、内饰的清洗。

（2）去油剂

去油剂的全称为油脂清洗剂，具有极强的去油功能。其主要用于发动机、轮毂等油污较重部位的清洗。

1）轮胎强力去污剂

轮胎强力去污剂为强碱性清洗剂，与橡胶制品反应活跃，对带有白线圈的轮胎清洗效果尤其明显，用它清洗过的白线圈如同新的一样，但它的腐蚀性也是较强的。

2）发动机强力清洗剂

发动机强力清洗剂的主要成分是从橙皮中提取的，成本较高。它是世界上少有的一种生物降解型溶剂，也是唯一一种比一般溶剂更强的生物降解型去油剂。使用时，不稀释时可清洗发动机等油泥较重的地方，稀释后可清洗内饰等，清洗效果好。

3）发动机外部清洗剂

发动机外部清洗剂是以煤油为基础料的去油剂，属生物不可降解型，用后的脏液应妥善处理。该剂能去除较重油污，能快速乳化、分解去除油污，且不腐蚀机体及零部件；产品呈碱性，含有缓蚀剂成分，适用于发动机外壳及底盘等部分的清洗。

（3）溶剂

溶液的浓度取决于溶解在溶剂内的物质的含量。溶解度则是溶剂在特定温度下，可以溶解最多物质的含量。有机溶剂主要用于干洗（如四氯乙烯），作涂料稀释剂（如甲苯、松节油），作洗甲水或去除胶水（如丙酮、醋酸甲酯、醋酸乙酯），除锈（如己烷），作洗洁精（柠檬精），用于香水（酒精）以及化学合成等。

溶解清洗剂简称"溶剂"，是一类溶解功能极强的清洗剂，不仅能清除车身上的焦油、沥青、鸟粪、橡胶、漆点等水不溶性污垢，而且可用于"开蜡"，故有些品种直接取名为开蜡水。溶剂分两大类，即石化溶剂和天然溶剂。大部分石化溶剂以煤油为基础原料，然后加上各种添加剂或表面活性剂。

脱蜡清洗剂，含柔和型溶剂，具有较强的溶解功能，不仅可去除车身油垢，而且能把原有车蜡洗掉。该剂主要适用于重新打蜡前的车身清洗。

1）溶剂蜡质开蜡水

溶剂蜡质开蜡水属于生物降解型溶剂，也就是说它的主要原料提炼于橙皮，因此成本较高。但这是目前唯一一种能满足西方环保要求的蜡质开蜡水。若蜡不厚，则可将蜡质开蜡水按1∶1稀释使用。

本品对环境无害，不易燃、不腐蚀，但具有强碱性，使用时需有保护措施，避免造成人身伤亡。

2）树脂开蜡水

树脂开蜡水一般作为运输车辆的保护剂，它的主要目的是防雨水、防尘和划痕，可以用来清洗汽车顶部和有些车的皮革、电镀件、风窗玻璃及铝合金件等。

3. 汽车蜡产品

汽车蜡是传统的汽车漆面保养物。车蜡以天然蜡或合成蜡为主要成分，通过渗透入漆面的缝隙使表面平整而起到增加光亮度的效果。

(1) 汽车蜡的作用

1) 隔离作用

汽车蜡可在车漆与大气之间形成一层保护层，将车漆与有害气体、有害灰尘有效地隔离，起到屏蔽作用。汽车蜡使车身表面的水滴附着减少60%~90%，高档车蜡还可使残留在漆面上的水滴进一步平展，呈扁平状，能有效地减少水滴对阳光的聚焦作用，使车身避免由于聚焦点的高温而形成漆面暗斑。汽车蜡的隔离作用大大降低了车身遭受侵蚀的程度，使车漆得到保护。

2) 美观作用

汽车车身的面漆相当于汽车的外衣。汽车蜡既可以用来保护车漆，又可以美观车漆。经过打蜡的汽车可以改善其外表的光亮程度，增添亮丽的光彩。

3) 抗高温和防紫外线的作用

汽车蜡可对来自不同方向的入射光产生有效的反射，防止入射光的高温和紫外线使面漆或底漆老化，从而延长漆面的使用寿命。

4) 防静电作用

汽车在行驶过程中，车身表面与空气流发生相对摩擦从而产生静电，由于静电的作用，会使灰尘附着于车身外表。给车身打蜡，在车身表面与空气流之间形成一层隔离层，从而减少静电的产生。

(2) 汽车蜡的分类

1) 去污蜡

去污蜡具有去污除垢和保持汽车表面光亮的功能，主要涂抹在汽车表面，能够恢复汽车漆面及金属的鲜艳色泽。

2) 亮光蜡

亮光蜡能够在漆面形成保护膜，防止氧化、酸蚀及雨水的侵蚀，使漆面不粘灰尘，让汽车有持久的光亮，适用于车身及各种金属制品。

3) 保护蜡

汽车保护蜡主要用于除去汽车油污、柏油，防止汽车生锈，能产生稳定、防水的汽车保护膜，适用于汽车表面积槽沟。

4）镜面蜡

镜面蜡是一种高性能的汽车护理型天然蜡，含有巴西棕榈和聚碳酸酯，对漆面渗透力极强，光泽如镜，保持长久，能有效护理汽车漆面，适用于新车及旧车抛光翻新后的漆面护理。

5）抗静电蜡

抗静电蜡是一种喷雾型上光护理蜡，能防止漆面静电产生，最大限度地减少静电对灰尘、油污的吸附。

6）彩色蜡

彩色汽车蜡分为红、蓝、绿、灰和黑5种颜色，即打即抛光，省时省力，不同颜色蜡适用于不同颜色的车，对漆面起到修饰作用，可掩盖轻微细小划痕。

（3）汽车蜡的选用

目前市场上的汽车蜡分为液蜡、膏状蜡和硬蜡，选车蜡时，要分清车蜡用途。砂蜡和抛光蜡不能用来护漆，而是用于漆面抛光处理。有去污、返新作用的车蜡也不可用于新车，因为它们都含有研磨成分，只适用于旧车。

新车最适用的车蜡有3M的水晶蜡和新车专用蜡等，要求是不含研磨剂，并能提供给车漆以综合保护能力。

（4）汽车打蜡的方法

打蜡应用海绵块涂上适量车蜡，在车体上直线往复涂抹，不可把蜡液倒在车上乱涂或做圆圈式涂抹。一次作业不可涂涂停停。一般蜡层涂匀5~10 min后就可用新毛巾擦亮。擦车蜡时，不可用化纤材料的毛巾，因为化纤比漆硬，建议用棉毛巾。

打蜡时间间隔也要依据不同的使用环境和场所做出判断，一般有车库停放，多在良好道路上行驶的车辆，每3~4个月打一次蜡即可；露天停放的车辆，经受风吹雨淋，最好每2~3个月打一次蜡。

二、漆面美容用品

汽车漆面的深层护理包括研磨、抛光、还原三道工序，研磨是去除车漆原有的缺陷，抛光是去除研磨后的痕迹，还原是恢复车漆原有的面目。

1. 研磨剂

研磨剂按使用范围分为普通型研磨剂和通用型研磨剂。

（1）普通型研磨剂

普通型研磨剂主要用于治理普通漆不同程度的氧化、划痕、褪色等漆膜缺陷。

（2）通用型研磨剂

普通漆和透明漆均可使用通用型研磨剂。

2. 抛光剂

抛光的主要目的是清除漆层表面的轻微氧化物和杂质，并以化学切割方式填平漆膜表面细微的缺陷，其中包括脱蜡、消除漆面瑕疵等功能。

抛光机也称为研磨机，常用作机械式研磨、抛光及打蜡。其工作原理是：电动机带动安装在抛光机上的海绵或羊毛抛光盘高速旋转。抛光盘和抛光剂共同作用并对待抛表面进行摩擦，进而可达到去除漆面污染、氧化层、浅痕的目的。

3. 还原剂

还原是介于抛光与打蜡之间的一道工序。还原剂实际上是一种集抛光和打蜡为一体的二合一产品，可以将车漆还原到原有的面目。

三、汽车防护用品

1. 汽车保护剂

（1）汽车保护剂的作用

汽车保护剂是一种能够对皮革、塑料、橡胶、化纤等材料表面起到增亮、抗磨、抗老化等保护作用的用品，用于汽车座椅、仪表台、保险杠、密封条、轮胎以及电镀件的护理。

（2）汽车保护剂的分类

1）皮革保护剂

皮革保护剂用于皮革（含人造革）和塑料制品表面，起上光、软化、抗磨、抗老化等作用，适用于皮革座椅、仪表台、转向盘、车门内侧以及塑料保险杠等。

2）化纤保护剂

化纤保护剂用于化纤制品表面，起清洁、抗紫外线、抗老化和抗腐蚀等作用。一般汽车内室的化纤制品如顶篷、车门内侧、座椅外套等，表面很容易接触灰尘、油泥等污垢，直接影响到汽车内室的美观。在护理中使用单纯的化纤清洗剂，只能起到去污清洁作用，而化纤保护剂含有硅酮树脂，在清洗去污的同时可将这种聚合物附着在纤维上，能起到防紫外线、防老化、防腐蚀等保护作用。

3）橡胶保护剂

橡胶保护剂是用于橡胶和工程塑料制品，起清洁、抗氧化、抗老化的保护用品。对于汽车轮胎、橡胶密封件、保险杠等橡胶和塑料制品，通过它的抗紫外线照射作用来防止橡胶及塑料制品的氧化，从而实现其保护作用。

4）轮胎上光保护剂

轮胎上光保护剂用于轮胎表面，起清洁、上光和抗老化等作用。该用品内含有专门的聚合油脂，能提供持久的不受天气影响的光亮，恢复表面自然光泽，对漆面或合金没有不利影响。

5）多功能防锈剂

多功能防锈剂主要用于金属表面，起到除锈和防锈作用。该产品具有很强的防腐蚀功能，而且有优越的避水性，对塑料无任何腐蚀作用。

2. 汽车玻璃防爆膜

防爆膜（见图2-70）给汽车玻璃添加一层保护，在与外界发生碰撞时能够防止玻璃爆碎与固定碎玻璃渣，从而起到保护车内车主人身安全的作用。

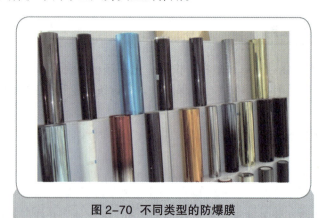

图2-70 不同类型的防爆膜

（1）防爆膜的作用

1）隔热防晒

贴膜能很好地阻隔红外线产生大量热量。

2）隔紫外线

紫外线中的中波、长波能穿透很厚的玻璃。隔热膜能隔断大部分紫外线，防止驾驶员皮肤受伤害，也能减轻汽车内饰老化。

3）安全与防爆

膜的基层为聚酯膜，有非常耐撕拉防击穿的功能，加上膜的胶层能防止玻璃意外破碎对司乘人员造成的伤害。

4）营造私密空间

贴膜后，通常在车外看不清车内，而在车内可以看清车外，有保留隐私和安全的作用。

5）降低空调损耗

隔热膜可以弥补空调制冷能力的损失，能瞬间降低车内温度，在一定程度上可节省油耗。

6）增加美观

贴膜能使爱车个性化且美观。

7）防眩光

贴膜能降低眩光造成的意外事故。

（2）汽车防爆膜的分类

1）吸热膜

吸热膜利用涂敷在透明聚酯膜上的红外线吸收剂吸收红外线，达到隔热的目的。

2）反射隔热膜

反射隔热膜在透明聚酯膜上运用先进的磁控溅射生产工艺，溅镀一层对太阳红外辐射反射率极高的金属材料来反射太阳的热辐射，以达到隔热目的。

（3）汽车防爆膜的选用方法

选择汽车贴膜时要从隔热率、透光率和紫外线过滤率三个方面综合考虑。专业的汽车防爆膜是经过特殊工艺制成的高科技产品，好的防爆膜金属层可以多达7层。

汽车防爆膜不同于普通的汽车贴膜，在性能参数上更应标明起重要作用的3个性能参数。穿刺强度、剥离强度、拉伸强度。车贴膜质量要点如下。

1）透光度和清晰度

透光度和清晰度是车用膜中关乎行车安全最重要的性能。前挡风玻璃膜使用最新的喷镀方式将贵金属附着于隔热膜，隔热效果提高大概2倍，同时以离子分开技术抽除模糊物质使得前挡膜清晰度增加3倍。优质膜其透光度可达90%，基本完全透明，而且不论颜色深浅，清晰度都很高。车窗膜尤其是前排两侧窗的膜选择透光度在70%以上较为适宜。

2）隔热率

太阳光谱里的红外线是主要的热量来源，而质量好的汽车防爆膜则能反射红外线，可使车内的温度相对低很多，继而降低空调负荷节省燃油。由于一些车膜只有透明度，没有隔热率，虽然太阳没有那么刺眼，但是车内的温度却依然极高，因此在挑选的时候要留意防爆膜的隔热性能。隔热率不仅是评价一个隔热膜的好坏的主要标准，同时也是决定价格高低的关键。

3）防爆性

一般车贴膜的材质膜片很薄，手感发软缺乏韧性，不耐紫外线照射易老化发脆，当遇意外碰撞或外物打击时，膜片很容易断裂，不能把玻璃粘牢在一起；而好的防爆膜由特殊的聚酯膜做基材，膜本身有很强的韧性并配合特殊的压力敏感胶，当玻璃遇意外碰撞时，玻璃破裂后因被膜粘牢而不会飞溅伤人。

4）紫外线阻隔率

紫外线虽然不能被看，但对人体的伤害却是众人皆知的。过量的紫外线还很容易造成仪表板等各种车内装饰加速老化。因此，高质量的膜对紫外线的阻隔率一般不低于98%，高的可达99%。而很多劣质膜没有这项标准，或者远远低于98%的标准。

5）膜片防刮层

优质膜片表面有一层防刮层，在正常使用下能保护膜面不易刮伤，低档膜容易刮伤膜面。

四、汽车精品

1. 汽车香水

汽车香水能保持车内空气洁净，去除车内异味、杀灭细菌，起到净化空气的作用，有利于驾驶员的行车安全。它能够在狭小的车内空间营造出一种清新可人的氛围，以保持驾驶人员头脑清醒和镇静，从而能够减小行车事故的发生率，增添车内雅趣。

2. 车室净化

车载空气净化器又叫车用空气净化器、汽车空气净化器，起到净化汽车内空气中的PM2.5、有毒有害气体（甲醛、苯系物、TVOC等）、异味、细菌病毒等的作用。

3. 汽车坐垫

（1）提供舒适的乘坐感

有经验的驾驶员都知道，正确的坐姿和良好的坐感是安全行车的重要前提，也是缓解驾驶疲劳的有效手段。安装一套适宜的座套或铺设坐垫，对于提升乘坐感、增加舒适性都有明显的作用。

（2）保护座椅

绝大多数车型的座椅面料都是缝制的，无法拆洗，一旦污损，即便是汽车美容店专业的内堂清洗也很难把座椅彻底清洁。因此，安装座套或铺设坐垫就成了保护座椅最为便捷的方式。

一、填空题

1. 气缸套的常见故障有_____、_____、_____，或在突发情况下如连杆螺栓松脱被连杆击穿等。
2. 汽车香水具有_____、_____、_____等作用。
3. 目前国内销售的汽油有_____。
4. 发动机的运行是由气缸的_____这样周而复始的运动，完成一个工作循环的。
5. 发电机除了给蓄电池充电以外还给_____提供所需用电。
6. 橡胶保护剂具有_____、_____和_____的作用。
7. 节温器是控制_____的阀门。
8. 制动片的常见故障有_____、_____、_____等。

二、简答题

1. 例如一台发动机按照说明书要求应加95号汽油，现在加了90号汽油，会出现什么情况？为什么？

2. 一辆轿车，夏天在路面上行驶时突然开锅了，是什么原因造成的？与哪些配件有关？为什么？

3. 对汽车制动液有什么要求？

课题三 汽车配件订货管理

知识目标

（1）了解汽车配件订货管理的基本知识。
（2）掌握汽车配件订货程序。
（3）掌握汽车配件采购的原则和方式。

能力目标

（1）能够进行汽车配件管理。
（2）能够进行配件采购。

任务一　配件管理与采购

一、汽车配件订货管理基本知识

1. 汽车配件订货管理的意义

● 只有质优价廉、适销对路的商品源源不断地进入经销企业，才有可能提高为用户服务的质量，满足消费者的需求。

● 搞好订货管理是搞好销售的前提和保证，只有进得好，才能销得快，才有可能提高企业经济效益。

● 只有把商品购进组织，把适销商品购入经营企业，才能促使生产企业发展。由此可见，订货管理就是直接关系到生产企业能否得到发展，消费者需求能否得到满足，企业经营状况能否改善的关键问题。

2. 汽车配件订货管理的原则

（1）采购管理原则

1) 勤进管理原则

勤进管理是加速资金周转，避免商品积压，提高经济效益的重要条件。勤进快销，就是采购次数要适当多一些，批量要小一些，采购间隔期要适当缩短。要在采购适销对路的前提下，选择能使采购费用、保管费用最省的采购批量和采购时间，以降低成本，降低商品价格，使顾客能买到价廉物美的商品。勤进快销还要随时掌握市场行情，密切注意销售去向，勤进、少进、进全、进对，以勤进促快销，以快销促勤进，不断适应消费需要，调整更新商品结构，力求加速商品周转。在销售上，供应要及时，方式要多样，方法要灵活，服务要周到，坚持薄利多销。

2) 以销定进原则

以销定进的原则，是按照销售状况决定采购。通常，计算订货量，主要有以下参数：

日平均销售量（DMS）= 昨日的 DMS×0.9+ 当日销售量 ×0.1。

建议订货量 = 日平均销售 ×（距下次订货天数 + 下次交货天数 + 厂商交货前置期 + 商品安全天数 + 内部交货天数）− 已订货未交量 − 库存量。

最小安全库存量＝陈列量＋日平均销售量×商品运送天数。

订货量是一个动态的数据，根据销售状态的变化（季节性变化、促销活动变化、供货厂商生产状况变化、客观环境变化）决定订货量的多少，才能使商品适销对路，供应及时，库存合理。

3）以进促销原则

以进促销原则是与以销定进相联系的，单纯地讲以销定进，进总是处于被动局面。因此，扩大采购来源，积极组织适销商品，能主动地促进企业扩大销售，通过少量采购试销，刺激消费，促进销售。

4）保管保销原则

销售企业要保持一定的合理库存，以保证商品流通连续不断。汽车零件的流通等级是指汽车配件在流通过程中周转速度的快慢程度，根据汽车零件寿命周期长短可以把它们分为快流件、中流件、慢流件三大类，也有些公司分得更细一些，有五六类甚至达十类之多。根据汽车制造商、汽车零配件经销商的统计，结果表明，占零件总数仅10%的快流件的销售收入占销售总额的70%，占零件总数30%的中流件的销售收入仅占销售总额的20%，而占零件总数70%的慢流件的销售收入只占总销售额的10%，零件流通等级与销售额之间的关系如图3-1所示。

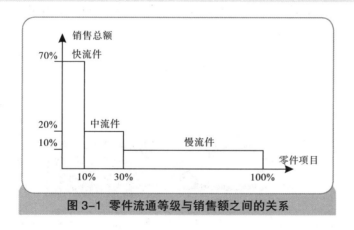

图3-1 零件流通等级与销售额之间的关系

（2）商品购进原则

采购的原则除了要求购进的商品适销对路外，就是要保质、保量。生产企业实行质量三包：包修、包退、包换，经营企业要设专职检验部门或人员，负责购进商品的检验工作，把住质量关。除此之外，购进还应遵循以下原则：

● 积极合理地组织货源，保证商品适合用户的需要，坚持数量、质量、规格、型号、价格全面考虑的购进原则。

● 购进商品必须贯彻按质论价的政策，优质优价、不抬价、不压价，合理确定商品的采购价格；坚持按需采购、以销定进；坚持"钱出去、货进来、钱货两清"的原则。

● 购进的商品必须加强质量的监督和检查，防止假冒伪劣商品进入企业，流入市场。在商品收购工作中,不能只重数量而忽视质量,只强调工厂"三包"而忽视产品质量的检查,对不符合质量标准的商品应拒绝收购。

3. 库存配件品种和最低安全库存量的确定

(1) 库存配件品种的确定

一般地,把易磨损和易失效的零件或材料作为快流件,如离合器片、制动器片、制动总泵/分泵、橡胶密封件、三滤(机油滤芯、汽油滤芯、空气滤芯)、机油、轴承、油封、曲轴及连杆轴承、大修包、消声器、排气管、前风窗玻璃、密封条、前后灯具、水箱、冷却散热网、万向节十字轴、刮水器、火花塞、断电器等。

有些零件经销商根据本公司配件销售量来区分快流件、中流件和慢流件,如把年销售量在25~50件的零件作为快流件,把年销售量在6~24件的零件作为中流件,而把年销售量在1~5件的零件作为慢流件。

也可根据汽车制造商推荐的零件流通级别来选择库存零件。

零件的流通级别不是一成不变的,快流件可能会变成中流件,甚至变成慢流件;而中流件和慢流件在一定时期内可能变成快流件。影响和决定零件流通级别的因素是多方面的。例如车辆投放市场的使用周期,一般车辆使用寿命为10年,前2~3年零件更换少,中间4~5年是零件更换高峰期,最后1~2年零件更换又逐渐减少,其变化过程如图3-2所示。

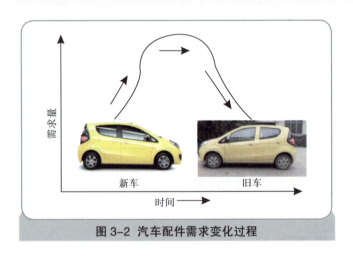

图 3-2 汽车配件需求变化过程

(2) 最低安全库存量的确定

一个配件的最佳库存量是多少?库存量小了,不能保证及时供货,影响顾客的使用和企业的信誉;库存量大了,资金占有量增加,资金周转慢,影响企业的经济效益。因此,确定最低安全库存量很重要,而影响最低安全库存量的因素有:

● 订货周期。国外订货周期一般为2~3个月(船运期货3个月,空运订货15天左右,但空运件的价格是船运的2倍);国内订货周期则因地而异。

● 月平均销量。必须掌握某种配件近6个月的销量情况。

● 配件流通级别。快流件的最低安全库存量为前 6 个月销量,中流件和慢流件的最低安全库存量为前 3 个月销量。

二、汽车配件订货程序

1. 订货渠道

汽车配件销售行业的采购除一些小公司外,大都从汽车配件生产厂家采购。在采购渠道的选择上,应立足于以优质名牌配件为主的采购渠道,但为适应不同消费者的需求,也可进一些非名牌厂家的产品,可按 A、B、C 类厂顺序选择。

A 类厂是全国有名的主机配套厂,这些厂知名度高,产品质量优,多是名牌产品,这类厂应是采购的重点渠道。其合同签订形式可采取先订全年需要量的意向协议,以便于厂家安排生产,具体按每季度、每月签订供需合同,双方严格执行。

B 类厂虽生产规模和知名度不如 A 类厂,但配件质量还是有保证的,配件价格也比较适中。订货方法与 A 类厂不同,可以只签订短期供需合同。

C 类厂是一般生产厂,配件质量尚可,价格较前两类厂低。这类厂的配件可作为采购中的补缺。订货方式也与 A、B 类厂有区别,可以电话、电报要货,如签订供需合同的话,合同期应短。

2. 汽车配件订货程序

(1) 汽车配件订货流程

汽车配件订货流程如图 3-3 所示。

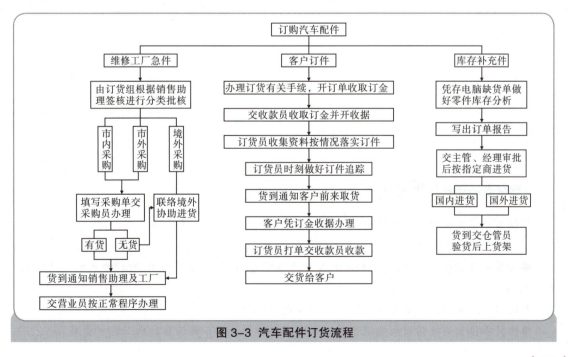

图 3-3 汽车配件订货流程

（2）汽车补充件订货程序

① 拟订订货合同初稿

每个月根据配件实际库存量、半年内销售量及安全库存量等信息，计算出一份配件订货数量，再根据实际情况进行适当调整，形成订货合同初稿明细表，如表3-1所示。订货的原则是：先市内后市外，先国内后国外。国内订货应向信誉好的大公司或向原汽车制造厂配套单位定购。

表3-1 订货合同初稿明细表

配件编号	配件名称	车型/发动机型号	参考订量	安全量	单价/元	现存量	平均月销量
22401-40V05	火花塞	Y31/VG30（S）	340	345	126.00	5	45
92130-G5701	雪种杯	C22/Z20（S）	1	2	5 440.0	1	0.33
82342-G5103	窗扣	C22/Z20（S）	1	9	674.0	8	1.67

② 向多家供货商发出询价单

根据订货合同初稿明细表，经订货部门主管审查并调整订货数量后，填写询价单，如表3-2所示。

表3-2 询价单

公司名称：_____ 编号：_____
　　　　　　　　　　　日期：_____
联系电话：_____ 总页数：_____

项目	数量	零件编号	零件名称	单价	金额

订货人：_____　联系电话：_____　传真：_____

×××汽车服务有限公司

③ 确定最后正式订货单

根据各供货商反馈回来的报价单，调整订货数量后向其中一家发出正式订货单。综上所述，库存配件补充订货程序如下：

● 每月根据配件实际库存量、销量和安全库存量等信息，计算并输出一份"合同初稿明细表"，再根据销售经验和市场情况作适当调整。

● 向邻近地区的供货商发出询价单，一般先国内后国外。

● 根据各供货商反馈回来的报价单，再次调整订货数量，确认后发出正式订货单。

3. 即购即销（急需）配件订货程序

（1）填写缺件报购通知单或配件请购单

修理部门或客户所需配件如果库存缺货，由营业部开出"缺件报购通知单"（见表3-3）或"配件请购单"（见表3-4），交订货部门。

表3-3 缺件报购通知单

单位：			工卡	46911
车牌号	A·A4768	车型：RZH114	发动机型号	1Y
报购单号：981200534				2005年7月21日
配件名称	规格	配件编号	数量	备注
链条	双排	92600-G5700	1	公务车
凸轮齿轮	z=36	11828-V6501	1	公务车
曲轴齿轮	z=18	99810-14C26	1	公务车

表3-4 配件请购单

×××汽车服务有限公司
配件请购单

款接员		订件人		日期：2004年12月28日	
工作卡号	4F056	底盘号码		VQ20	
车牌号码	B-F9945	车身编号		JNICAUA32110064484	
序号	零件编号	名称	数量/件	报价/元	期限	订件
1	BO552-5F700	左前门锁电机	1	750	2004年12月31日	√
零部件签收	12月29日1时5分		经办人		12月29日2时10分	
备注		第一次到货签收			月　日　时　分	
		第二次到货签收			月　日　时　分	
		第三次到货签收			月　日　时　分	
		全部到货签收			月　日　时　分	

零件部经办人：＿＿＿＿　　　修理工：＿＿＿＿　　　报购号：＿＿＿＿

(2)询价与报价

如果所在地区为某市,订货部门可以先通过电话、E-mail或传真与本地市场联系,如果无货,再与邻近的其它城市市场联系,仍然无货的话,则与国外有关公司联系,询问价格和供货时间。

(3)签订急需配件订购合同并收取订金

得到反馈信息后,应将价格和供货时间及时向客户通报,由客户确认价格和供货时间,并签订订购合同和缴纳订金,之后才能正式下订单。

(4)跟踪并及时提货交货

订单发出后要注意跟踪询问,时刻掌握供货动态,货到后及时通知客户前来取货。

任务二 配件采购方式与配件验收

一、汽车配件采购业务

1. 汽车配件订货的方式

（1）集中进货

企业设置专门机构或专门采购人员统一进货，然后分配给各销售部门（销售组、分公司）销售。集中进货可以避免人力、物力的分散，还可以加大进货量，受到供货方重视，并可根据批量差价降低进货价格，也可节省其他进货费用。

（2）分散进货

分散进货是指由企业内部的配件经营部门（销售组、分公司）自设进货人员，在核定的资金范围内自行进货。

（3）集中进货与分散进货相结合

一般是外埠采购以及非固定进货关系的采取一次性进货，办法是由各销售部门（销售组、分公司）提出采购计划，由业务部门汇总审核后集中采购；本地采购以及有固定进货关系的则采取分散进货。

（4）联购合销

由几个配件零售企业联合派出人员，统一向生产企业或批发企业进货，然后由这些零售企业分销。此类型多适合小型零售企业之间，或中型零售企业与小型零售企业联合组织进货。这样能够相互协作，节省人力，化零为整，拆整分销，并有利于组织运输，降低进货费用。

上述几种进货方式各有所长，企业应根据实际情况扬长避短，选择自己的进货方式。

2. 进货业务的程序

汽车配件销售企业的进货程序，主要是按照进货业务计划安排组织进货，有时也要组织计划外地进货或临时进货，以应付市场的新情况和补充进货业务计划的不足，一般程序如下。

(1) 制定经营配件目录

汽车配件商店经营配件的目录，包括经营配件目录和必备配件目录两种，是配件种类构成的进一步具体化和规范化，是汽车配件商店业务经营活动的一项重要内容，更是进货业务的前提。

经营配件目录，就是企业根据经营范围制订的应该经营的全部进货计划，由营业组提出。它是在市场变化、货源情况、销售动态等方面做了充分调查和集体研究的基础上，参考计划期初库存量及各种变化因素，在资金占用合理的情况下，定期提出的。进货计划有年度、半年度、季度和月计划四种，一般以季度为主。

(2) 编制进货计划

为了完成配件进货业务，不管采取哪种进货方式，哪种进货形式，都必须提出进货计划，因为它是保证进货质量的先决条件。

(3) 坚持看样选购

各专、兼职采购员，一定要按批准的进货计划坚持看样选购，选购适销对路的配件，做到"人无我有，人有我全，人全我优，优中求特"，保证进货质量。应切实避免只看目录、货单，不看样品，"隔山买牛"，致使出现货单不一致的现象。

(4) 合理组织外地进货

组织外地进货时，除要严格执行进货计划外，还应注意掌握以下两点要求。

● 要贯彻"五进、四不进、三坚持"的原则。"五进"就是所进配件要符合"优、廉、新、缺、特"。"四不进"是指凡属下列情况之一者，均不符合进货要求：一是进货成本加上费用、税金后，价格高于本地零售价的不进；二是倒流的配件不进；三是搭配配件及质次、价高或滞销而大量积压的配件不进；四是本地批发企业同时向同地大批量购进的配件不进。"三坚持"是指坚持看样选购，坚持签订购销合同，坚持验收后支付货款的原则。

● 要提高外采效益。外采费用开支大，要注意出差费用的节约，注意工作效益。

(5) 坚持合同制度与签订进货合同

在与配件供货商进行交易行为时，应当与供货商签订书面合同，合同应当明确各方的权利与义务，包括购进配件的品种、质量、规格、数量、时间、地点、结算方式、结账期、合同解除条件、违约责任、合同争议解决方式及各方共同约定的其他条款。必须严格按照合同约定的结算方式、时间及地点与供货商进行货款结算，规范履约行为，严格履行合同。对合同条款有争议的，应按照合同目的、交易习惯及诚实信用原则，确定其条款的真实含义。所有合同格式条款要符合规定，严格遵守《中华人民共和国合同法》。

应当本着合作发展的原则，致力于与配件供货商建立长期稳定、互利互惠的合作关系，主动向供货商反馈市场需求变化和配件商品供求信息，加强综合分析研究，引导配件供货商适应市场发展趋势，以期达到双赢的长期目标。

（6）及时提货和认真验收

采购员办完进货手续后，就要及时组织提货，尽量减少环节，使汽车配件尽快同消费者见面。配件种类目录是商店应该经营的全部配件。必备配件目录是企业为满足广大消费者基本需要而必须备齐的易损配件品种限制额的目录。

二、汽车配件鉴别与验收

1. 检查汽车配件包装

接货时，要根据物流配送包装规范检查汽车配件包装是否完整，包装数量是否准确，为汽车配件把好"收货关"，为提高汽车配件入库保管质量打下良好的基础。

2. 收货后对汽车配件进行验收

汽车配件采购员在确定了进货渠道及货源，并签订了进货合同之后，必须在约定的时间、地点，对配件的名称、规格、型号、数量、质量检验无误后，方可接收。

（1）对配件品种的检验

按合同规定的要求，对配件的名称、规格、型号等认真查验。如果发现产品品种不符合合同规定的要求，应妥善保管，并在规定的时间内向供方提出异议。

（2）对配件数量的检验

对照进货发票，先点收大件，再检查包装及其标识是否与发票相符。整箱配件一般先点件数，后抽查细数；零星散装配件需点验细数；贵重配件应逐一细数；对原包装配件有异议的，应开箱开包点验细数。验收时，应注意查验配件分批交货数量和配件的总货量。

无论是自提还是供方送货，均应在交货时当面点清。供方代办托运的应按托运单所列数量点清，超过国家规定合理损耗范围的应向有关单位索赔。如果实际交货数量与合同规定交货数量之间的差额不超过有关部门规定的，双方互不退补；超过规定范围的，要按照国家规定计算多交或少交的数量。双方对验收有争议的，应在规定的期限内提出异议，超过规定期限的，视为履行合同无误。

（3）对配件质量的检验

●采用国家规定质量标准的，按国家规定的质量标准验收；采用双方协商标准的，按照封存的样品或样品详细记录下来的标准验收。接收方对配件的质量提出异议的，应在规定的期限内提出，否则视为验收无误。当双方在检验或试验中对质量发生争议时，按照《中华人民共和国标准化管理条例》规定，由标准化部门的质量监督机构执行仲裁检验。

● 在数量庞大、品种规格极其繁杂的汽车配件的生产、销售中，发现不合格品、数量短少或损坏等，是难以避免的。如果在提货时发现上述问题，应当场联系解决。如果货到后发现，验收人员应分析原因，判明责任，做好记录。一般问题填写运输损益单和汽车配件销售查询单查询；问题严重或牵涉数量较多、金额较大时，可要求对方派人来查看处理。

● 汽车配件从产地到销地，要经过发货单位、收货单位（或中转单位）和承运单位三方共同协作来完成，所以必须划清三方面的责任范围。责任划分的一般原则如下：

· 汽车配件在铁路、公路交通运输部门承运前发生的损失和由于发货单位工作差错，处理不当发生的损失，由发货单位负责。

· 从接收中转汽车配件起，到交付铁路、公路交通运输部门运转时止，所发生的损失和由于中转单位工作处理不善造成的损失由中转单位负责。

· 汽车配件到达收货地，并与铁路公路交通运输部门办好交接手续后，发生的损失和由于收货单位工作问题发生的损失，由收货单位负责。

· 自承运汽车配件起（承运前保管的车站、港口从接收汽车配件时起）至汽车配件交付收货单位，或依照规定移交其他单位时止发生的损失，由承运单位负责。但由于自然灾害、汽车配件本身质量问题，以及发货、收货、中转单位的责任造成的损失，承运单位不负责任。

3. 鉴别汽车配件质量的方法

（1）检视法

1）表面硬度是否达标

零配件的表面硬度都有规定，在征得厂家同意后，可用钢锯条的断茬试划配件表面，但不能划伤工作面。划时打滑且无划痕的，说明硬度高；划后稍有浅痕的，说明硬度较高；划后有明显划痕的，说明硬度低。

2）结合部位是否平整

零配件在搬运、存放过程中，由于振动、磕碰，常会在结合部位产生毛刺、压痕、破损，影响零件使用，选购和检验时要特别注意。

3）几何尺寸有无变形

有些零件因制造、运输、存放不当，易产生变形。检查轴类零件时，可将其沿玻璃板滚动一周，看零件与玻璃板贴合处有无漏光，有漏光则说明零件弯曲，无漏光则说明零件无变形。选购离合器从动盘钢片或摩擦片时，可将钢片、摩擦片举起，观察其是否翘曲。选购油封时，带骨架的油封端面应是正圆形，能与平板玻璃贴合无翘曲；无骨架油封外缘应端正，用手握使其变形，松手后应能恢复原状。选购各类衬垫时，也应注意检查其几何尺寸及形状。

4)总成部件有无缺件

正规的总成部件只有齐全完好,才能保证顺利装配和正常运行。如果一些总成件上的个别小零件漏装,将使总成部件无法工作,甚至报废。

5)转动部件是否灵活

在检验机油泵等转动部件时,如图3-4所示,用手转动泵轴,应感到灵活无卡滞。检验滚动轴承时,一手支撑轴承内环,另一手打转外环,外环应能快速自如转动,然后逐渐停转。若转动零件发卡、转动不灵,则说明内部锈蚀或产生变形。

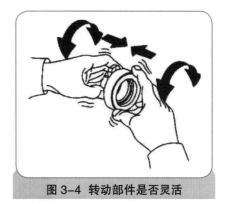

图3-4 转动部件是否灵活

6)装配记号是否清晰

为保证配合件的装配关系符合技术要求,有一些零件,如正时齿轮表面均刻有装配记号。若无记号或记号模糊无法辨认,将给装配带来很大的困难,甚至装错。

7)接合零件有无松动

由两个或两个以上的零件组合成的配件,零件之间是通过压装、胶接或焊接的,它们之间不允许有松动现象。例如,离合器从动鼓与钢片是铆接结合的,摩擦片与钢片是铆接或胶接的,纸质滤清器的滤芯骨架与滤纸是胶接而成的,电气设备多是焊接的。检验时,若发现松动应予以调换。

8)配合表面有无磨损

若配合零件表面有磨损痕迹,或拨开涂漆配件表面油漆后发现旧漆,则多为旧件翻新。当表面磨损、烧蚀,橡胶材料变质,在看不清楚的情况下,可借助放大镜观察。

(2)敲击法

判定部分壳体和盘形零件是否有裂纹、用铆钉连接的零件有无松动以及轴承合金与钢片的接合是否良好时,可用小锤轻轻敲击并听其声音。如发出清脆的金属声音,则说明零件状况良好;如果发出的声音沙哑,则可以判定零件有裂纹、松动或接合不良。

浸油敲击是探测零件隐蔽裂纹最简便的方法。检查时,先将零件浸到煤油或柴油中片刻,取出后将表面擦干,撒上一层白粉(滑石粉或石灰),然后用小锤轻轻敲击零件的非工作面,如果零件有裂纹,振动会使浸入裂纹的油渍渗出,则裂纹处的白粉呈现黄色油迹。

(3)比较法

比较法指用标准零件与被检零件作比较,从中鉴别被检零件的技术状况。例如,气门弹簧、离合器弹簧、制动主缸弹簧和轮缸弹簧等,可以用被检弹簧与同型号的标准弹簧(最好用纯正部品,即正厂件)比较长短,即可判断被检弹簧是否符合要求。

(4)测量法

检查结合平面的翘曲。以平板或钢直尺作为基准,将其放置在工作面上,然后用厚薄规测量被测件与基准面之间的间隙。检查时应分别对纵向、横向、斜向等各方向测量,以确定变形量,如图3-5所示。

图3-5 平面翘曲的检查

任务三　进货渠道与货源鉴别

一、进货渠道

在进货渠道的选择上，应立足于以优质名牌配件为主的进货渠道，但为适应不同层次的消费者需求，也可进一些非名牌厂家的产品，可按 A、B、C 类厂顺序选择。

A 类厂：全国著名的主机配套厂。这些厂生产的零件知名度高，质量有保证，是进货的重点渠道。可采取先定全年需要量的意向合同，以便厂家组织生产，具体可按每季度、每月签定供需合同。

B 类厂：生产规格、知名度比 A 类厂稍小，但配件质量可以保证，价格适中，可采取只签短期定货合同的订货方式。

C 类厂：一般生产厂家，配件质量尚可，价格最低，可作为进货中的补充。订货方式可以电话、电报的方式，如签订供需合同，则应是短期合同。

二、货源鉴别

消费者都希望能买到优质纯正质量的汽车配件。由于配件品种类型多且范围广，要对所有配件做出正确科学的质量判断，所需的全部测试手段是中、小型汽配公司难以做到的。应该根据企业的实际情况，添置必备的技术资料，如所经营主要车型的汽车配件目录、各类汽车技术标准等。

准备一些通用检测仪表和通用量具，如游标卡尺、千分尺、百分表、千分表、量块、平板、表面粗糙度比较块、硬度计以及汽车万用表等，用来检测汽车配件的技术状况。

为了提高工作效率和择优进货，可以把产品分成以下几种检验类型。

1. 免检

品牌和质量信得过的产品基本免检。但有时也会遇到仿冒的品牌产品，除非对厂家的品牌产品非常了解，否则应定期进行抽检。

2. 抽检

一些配件多年多批进货后，经使用如发现存在某些质量问题，可采用抽检几项关键项目的方法，以检查其质量稳定性。

3. 按标准抽检

对以前未经营过的配件,应按标准抽检规定的数量,在技术项目上尽可能做到全检,对其质量得出一个全面的结论,作为今后进货的参考。

4. 全检

经常批量退货或少量、个别换货的产品,则采取尽可能全检,并对不合格部位重点检验的办法。若再次发现问题,应不再从该配件经销商或配件企业进货。

5. 严格控制

一些小厂的产品,往往由于其合格率低,而且一经购买付款之后很难索赔,因此尽量不进这类产品,如确需进货,一定要严格把关。

一、填空题

1. 采购的原则除了要求购进的商品适销对路外，就是要_____、_____。
2. 汽车配件订货方式有_____和_____两种。
3. 国外的配件订货周期为_____。
4. 鉴别汽车配件质量的方法有_____。
5. 一般地，把_____和_____的零件或材料作为快流件。
6. 汽车配件商店经营配件的目录，包括_____和_____两种。

二、简答题

1. 汽车配件订货的管理原则是什么？

2. 如何用敲击法辨别配件质量的好坏？

课题四 汽车配件仓库管理

知识目标

（1）了解仓库管理的基本概念。
（2）掌握汽车配件入库的基本程序。
（3）掌握汽车配件出库程序。
（4）掌握汽车配件安全合理堆放的方法。

能力目标

（1）能够进行汽车配件的养护。
（2）能够进行汽车配件分类和合理存放。

任务一　仓库管理的基本概念

仓库管理也叫仓储管理，英文为 Warehouse Management，简称 WM，指的是对仓储货物的收发、结存等活动的有效控制，其目的是为企业保证仓储货物的完好无损，确保生产经营活动的正常进行，并在此基础上对各类货物的活动状况进行分类记录，以明确的图表方式表达仓储货物在数量、品质方面的状况，以及目前所在的地理位置、部门、订单归属和仓储分散程度等情况的综合管理形式。仓库管理如图4-1所示。

汽车配件销售企业的仓储管理，就是以汽车配件的入库、保管、保养和出库为中心而开展的一系列活动。具体包括汽车配件的入库验收、保管、维护、发货、账册、单据与统计管理等工作。另外，科学管理要渗透到仓储管理的各个方面，要以最少的劳动力、最快的速度、最省的费用取得最佳的经济效益，以达到保质、保量、安全、低耗地完成仓储管理的各项工作和任务的目的。

图4-1　仓库管理

一、汽车配件仓储管理的作用

1. 仓储管理

仓储管理是汽车配件使用价值的重要手段，汽车配件经营企业的仓库是服务于用户、为本企业创造经济效益的物资基地。仓储管理的好坏，是汽车配件能否保持使用价值的关键之一。如果严格地按照规定加强对配件的科学管理，就能保持其原有的使用价值；否则，就会造成配件的锈蚀、霉变或残损，使其部分甚至全部失去使用价值。所以加强仓库的科学管理，提高保管质量，是保证所储存的汽车配件价值的重要手段。

2. 仓库管理

仓库管理是汽车配件经营企业为用户服务的一项工作，经过大量的工作，最后一道工序就是通过仓库管理员，将用户所需的配件交给用户，满足用户的需求，实现企业服务用户的宗旨。

二、仓储管理的任务

仓储管理的基本任务，就是搞好汽车配件的进库、保管和出库，在具体工作中，如图4-2所示，要求做到保质、保量、及时、低耗、安全地完成仓库工作的各项任务，并节省材料费用。

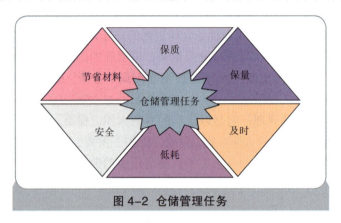

图4-2 仓储管理任务

1. 保质

保质就是要保持库存配件原有的使用价值，为此，必须加强仓库的科学管理。在配件入库和出库的过程中，要严格把关，凡是质量问题或其包装不合规定的，一律不准入库和出库；对库存配件，要进行定期检查和抽查，凡是需要进行保养的配件，一定要及时进行保养，以保证库存配件的质量随时都处于良好状态。

2. 保量

保量指仓库保管按照科学的储存原则，实现最大的库存量。在汽车配件保管过程中，变动因素较多，比如配件的型号、规格、品种繁多，批次不同，数量不一，长短不齐，包装有好有坏，进出频繁且不均衡，性能不同的配件的保管要求不一致等，要按不同的方法分类存放，既要保证配件方便进出库，又要保证仓库的储量，这就要求仓库管理员进行科学合理的规划，充分利用有限的空间，提高仓库容量的利用率。

同时要加强对配件的动态管理，配件在入库和出库过程中，要严格执行交接点验制度，不但要保证其质量好，而且要保证数量准确无误。对库存配件一定要坚持"有动必对，日清月结"，定期盘存，认真查实，随时做到库存配件账、卡、物三相符。

3. 及时

在保证工作质量的前提下，汽车配件在入库和出库的各个环节中都要体现一个"快"字。入库验收过程中，要加快接货、验收、入库的速度；保管过程中，要安排好便于配件进出库的场地和空间，规划好货位和垛型，为快进快出提供便利条件；出库过程中，组织足够的备货力量，安排好转运装卸设备，为出库创造有利条件。对一切烦琐的，可要可不要的手续要尽量简化，要千方百计压缩配件和单据在库的停留时间，加快资金周转，提高经济效益。

4. 低耗

低耗指配件在保管期间的损耗降到最低限度。配件在入库前，由于制造或运输、中转单位的原因，可能会发生损耗或短缺，所以应严格进行入库验收把关，剔除残次品，发现数量短缺，并做好验收记录，明确损耗或短缺责任，以便为降低保管期间的配件损耗或短缺创造条件。配件入库后，要采取有效措施，如装卸搬运作业时，要防止野蛮装卸，爱护包装，包装损坏了要尽量维修或者更换；正确堆码苫垫，合理选择垛型及堆码高度，防止压力不均倒垛或挤压坏产品及包装。对上架产品，要正确选择货架及货位。散失产品能回收尽量回收，以减少损失，千方百计降低库存损耗。同时要制订各种产品保管损耗定额，限制超定额损耗，把保管期间的损耗减低到最低限度。

5. 安全

安全指做好防火、防盗、防霉变残损以及防工伤事故、防自然灾害等工作，确保配件、设备和人身安全。

6. 节省材料

节省材料指节省配件的进库费、保管费、出库费等成本。为达到这些目的，必须加强仓库的科学管理，挖掘现有仓库和设备的潜力，提高劳动生产率，把仓库的一切费用成本降到最低水平。

三、汽车配件入库程序

入库验收是配件入库保管的准备阶段、物资存储活动的开始，也是仓库业务管理的重要阶段。配件一经验收入库，就划清了入库和未入库之间的责任界限。入库的配件情况比较复杂，有的在出厂之前就不合格，如包装含量不准确、包装本身不合乎保管和运输的要求；有的在出厂时虽然是合格的，但是经过几次装卸搬运和运输，致使有的包装损坏，数量短缺、质量受损，使有的配件已经失去了部分使用价值，有的甚至完全失去使用价值。这些问题都要在入库之前弄清楚，划清责任界限。入库主要包括接运、验收和办理入库手续三个程序。

1. 接运

接运是配件仓库收到到货通知，向承运部门或供货地点提取配件的工作。配件接运与配件验收入库的紧密衔接是仓库业务工作的首要环节。接运工作粗心大意，会将配件在产地或运输途中发生的损坏、差错带入仓库，增加验收、保管的困难，甚至造成一系列问题，使到货不能及时投入运营，影响配件的供应保障。因此在接运时，要对照货物单认真检查，做到交接手续清楚，证件资料齐全，避免将已存在问题的配件带入仓库，造成仓库的验收或保管出现困难。

配件接运根据到货地点的不同分为几种方式，常见的有专线接运、供货单位提货和车站、码头提货等。

（1）专线接运

专线接运是指在建有铁路专用线的仓库内，当整车的货物到达，在专用线上进行卸车。专用线内应有足够的装卸车能力，设有专人值班。做到随到随卸，随到随装。专用线货位要专用化，不得随意变更和挪用。

车站按照企业用车要求分配状态完好的货车。车站在送车前，按协议规定时间，向专用线发出预、确报。内容包括：空重车数、车种、货物品名、收货人、去向、编组顺序、送车时间。专用线接到预报后，应立即确定装、卸车地点，并做好接车准备。专用线运输员接到确报后，应及时打开门栏，提前到线路旁准备接车。货车送进后向调车人员指定停车位置，调车人员按其指定股道、货位停车。

货车送到后，企业应对货车上部设备进行检查。检查门、窗、底板、端侧板是否完好；门鼻、门搭扣是否齐全，车内是否干净，有无异味及回送洗刷、消毒标志等，确定是否适合所装货物；如不适用应采取改善措施，必要时可向车站提出调换。

卸车前应进行仔细检查，通过检查可以防止误卸和划清配件运输事故的责任。卸车后应检查车内是否卸净，然后关好车门、车窗，通知车主取车。做好卸车记录，连同有关证件和资料尽快向保管人员办理内部交接手续。

卸车后，企业负责将车辆清扫干净。需要洗刷、消毒、除污的应按规定及时处理。关好车门、窗、盖、阀，拆除车辆上的支柱、挡板、三角木、铁线等，恢复车辆原来状态。检查货物堆码状态及与线路的安全距离；卸下的篷布应检查是否完整良好，需要晾晒的要晾晒，并按规定将铁路货车篷布送回车站指定地点。企业运输员要正确填写卸车登记簿，通知车站卸车完成的时间。

（2）供货单位提货

当仓库与供货单位同在一地点时采用自提方式进货，订货合同规定自提的配件，应由仓库自备运输工具直接到供货单位提取。自提时付款手续一般与提货同时办理，所以应严格检查外观质量，点清数量。若情况允许，保管员最好随同前往，以便提货与入库验收结合进行。

（3）车站、码头提货

车站、码头是配件仓库提货的主要地点。仓库接到车站、码头的到货通知后，仓库提货人应了解所到配件的件数、质量和特点，并做好运输装卸器具和人力的准备。到库后一般卸在库房装卸平台上，以便就近入库，或者直接入库卸货。

提货时，应认真核对配件运号、名称、收货单位和件数是否与运单相符，仔细检查包装等外观质量，如发现包装破损、少件、受潮、油污、锈蚀、损坏等情况，应会同承运部门一起查清，并开具文字记录，以便将货提回。

货到库后，运输人员应及时将运单连同提回的配件向保管员点交清楚，然后由保管员在仓库到货登记簿上签字，表示已负责任。

2. 验收

（1）入库验收的依据

- 根据入库凭证（含产品入库单、收料单、调拨单、退货通知单）规定的型号、品名、规格、产地、数量等各项内容进行验收。
- 参照技术检验开箱的比例，结合实际情况，确定开箱验收的数量。
- 根据国家对产品质量要求的标准进行验收。

（2）入库验收的要求

①及时

验收要及时，以便尽快建卡、立账、销售，这样就可以减少配件在库停留时间，缩短流转周期，加速资金周转，提高企业经济效益。

②准确

配件入库应根据入库单所列内容与实物逐项核对，对配件外观和包装认真检查，以保证入库配件数量准确，防止以少报多或张冠李戴的配件混进仓库。如发现有霉变、腐败、渗漏、虫蛀、鼠咬、变色、沾污和包装潮湿等异状的汽车配件，要查清原因，做好记录，及时处理，以免扩大损失；要严格实行一货一单制，按单收货，单货同行，防止无单进仓。

3. 办理入库手续

数量验收是整个入库验收工作中的重要组成部分，是搞好保管工作的前提。库存配件的数量是否准确，在一定程度上是与入库验收的准确程度分不开的。配件在流转的各个环节都存在质量验收问题。入库的质量验收，就是保管员利用自己掌握的技术和在实践中总结出来的经验，对入库配件的质量进行检查验收。

（1）点收大件

仓库保管员接到进货员、技术检验人员或工厂送货人员送来的配件后，根据入库单所列的收货单位、品名、规格、型号、等级、产地、单价、数量等，逐项进行认真查对、验收，并根据入库配件的数量、性能、特点、形状、体积，安排适当货位，确定堆码方式。在验收大件时，发现少件或者多出件，应及时与有关负责部门和人员联系，在得到他们同意后，方可按实收数签收入库。

（2）核对包装

在点清大件的基础上，对包装物上的商品标志，与入库单进行核对。只有在实物、标志与入库凭证相符时，方能入库。同时，对包装物是否合乎保管、运输的要求要进行检查验收，经过核对检查，如果发现票物不符或包装破损或异状，应将其单独存放，并协助有关人员查明情况，妥善处理。

（3）开箱点验

出厂原包装的产品，一般开箱点验的数量为5%~10%。如果发现包装含量不符或外观质量有明显问题，可以不受上述比例的限制，适当增加开箱检验的比例，直至全部开箱。新产品入库，亦不受比例限制。对数量不多而且价值很高的汽车配件、非生产厂原包装的或拼箱的汽车配件、国外进口汽车配件、包装损坏或异状的汽车配件等，必须全部开箱点验，并按入库单所列内容进行核对验收，同时还要查验合格证。经全部查验无误后，才能入库。

（4）过磅称重

凡是需要称重的物资，一律全部过磅称重，并要记好质量，以便计算、核对。

（5）登记入账

仓库对每一品种规格及不同级别的物资都必须建立收、发、存明细账，它是及时、准确地反映物资储存动态的基础资料。

这种明细账本一般称为进销存明细本，就是仓库保管账，是企业仓库管理人员登记并保管的，相当于库存流水账，具此核查企业实际库存数量，要与实际库存与企业的库存商品明细账本相等。登记要求每一种配件登记一张，仓库保管账可不用反映商品金额，故可以使用数量式账页。

（6）设立标签

汽车配件物料卡是一种活动的实物标签，反映库存配件的名称、规格、型号、级别、储备定额和实存数量，一般直接挂在货位上。

（7）建立档案

每一年的技术资料及出入库有关资料都应存放档案，以便查阅和积累配件保管经验，这些档案保存可以使用账单，也可以使用计算机软件系统。建立档案时应一物一档，统一编号，以便日后查找。

任务二 汽车配件仓库管理

一、汽车配件的条理化管理

库房对汽车配件进行科学合理的管理和存放的最重要的方法就是对汽车配件实行分区、分类和定位存放。

1. 分区分类

（1）分区分类的方法

1）按品种系列分类

图4-3所示为所有汽车配件，不分车型，一律按部、系、品种顺序，分系列集中存放。例如，储存发动机配件的库叫作发动机区；储存通用工具和通用电器的库叫作通用电器区。凡是品名相同的配件，不管是什么车型，都放在一个区内，这种管理方式的优点是仓容利用率高，而且比较美观，便于根据仓库的结构适当安排储存品种。缺点是顾客提货不太方便，特别是零星用户提少量货，也要跑几个库。再就是保管员在收发货时，容易发生差错。

图4-3 按品种系列分类

2）按车型系列分区

图4-4所示为按所属的不同车型分区存放配件，例如长城系列车型的配件，分别设精灵汽车配件区、炫丽汽车配件区、嘉誉汽车配件区、哈佛汽车配件区等。这样存放，顾客提货比较方便，

又可以减少保管员收发货的差错。缺点是仓容利用率较低,对保管员的业务技术水平也要求较高。

图4-4 按车型系列分区

3)按经营单位分区

在一个库区内同时储存属两个以上经营单位的配件时,也可以按经营单位设专库储存。

以上几种配件存储分类统一的管理办法,采取哪一种办法为好,要视各个单位保管员的专业知识水平、仓库设备、库存配件流量等具体情况而定。但是,不管选择哪一种管理办法,仓库储存的物资和保管员的配备一经确定,就要相对稳定,一般不宜随意变更,以便仓库根据储存物资的性能、特点,配备必要的专用设备(含专用货架、格架、开箱工具、吊装设备等),以适应仓库生产作业的需要。

不论是按部、系、品种系列,车型系列,还是按单位设专库储存,统统都要建卡和立账,要与存货单位的分类立账结合起来,这样便于工作联系和清仓盘存,也有利于提高工作效率。而且在建卡立账时,还要和业务部门的商品账结合,实行对口管理,以便核对、盘存和相互间沟通。

分库储存中,凡是大件重件(含驾驶室、车身、发动机、前后桥、大梁等)都要统一集中储存,以便充分发挥仓库各种专用设备,特别是机械吊装设备的作用。

(2)分区分类的注意事项

● 按汽车配件类型存放。把相似的零件排放在一起,如图4-5所示。

● 凡一个单位经营的汽车配件,只要性质相近和有消费连带关系的,要尽量安排在一起存储。

● 互有影响、不宜混存的汽车配件,一定要隔离存放。

● 按作业安全、方便分区分类。如出入库频繁的汽车配件,要放在靠近库门处;粗、重、长、大的汽车配件,不宜放在库房深处;易碎汽车配件避免与笨重汽车配件存放在一起,以免在搬运时影响易碎汽车配件的安全。

● 消防灭火方法不同的汽车配件不得一起存储。

图4-5 相似零件排放在一起

2. 货物编号

（1）货位编号的方法

1）整个仓库的编号

整个仓库的编号，根据仓库建筑、结构和布局，按库房、货棚、货场分别顺序编号。在数码后面分别加"库""棚""场"字样。

①货场编号

货场编号可以按进入仓库前进的方向，左单右双的顺序排列；或按进入仓库正门前进的方向，按货场的远近，自左向右的顺序排列；或按东西南北等方向编为东货场、西货场、南货场、北货场；或按储存汽车配件类别编为东风牌汽车配件库、大众牌汽车配件库等。

②库房（货棚）编号

可按进入仓库正门方向自左至右顺序编号，如1号库房、2号库房、3号库房，或按储存汽车配件类别编为发动机库、通用库等。

2）库、棚、场内的货位编号

①库房内的货位编号

库房内的货位编号可根据库房面积大小、储存汽车配件的数量和种类，划分为若干货位。一般以中心走道为轴线，将货垛按左单右双或自左而右顺序排列编上号码，用油漆把货位号写在水泥地面上、柱子上，或房梁、天花板上等。

②货场的货位编号

目前，货场的货位编号有两种方法：一种是按照货位的排列编成排号，再在排内顺序编货位号。如323场货位，即3号货场第2排第3货位；另一种是不编排号，只编每一货场的货位号。如34场货位，即3号货场第4货位。编号标志一般利用水泥块或石块制作，标号后斜埋在相应的地点，以便对号进出货。

3）货架编号

货架编号的方法很多，常见的有以下两种。

● 与货位大小相等的2层或3层货架，即用砖木或钢材制作的货架，堆放整件的汽车配件用。对这种货架的编号，一般从属于段位编号，只要在段位号末加注"上、中、下"字样即可。如5号库6货位2段中层货架，可写为5-6-2中。

● 在配件仓库里，由于汽车配件零散，很多汽车配件需要分类放在货架的格眼里，以便发货。一个仓库有许多货架，为了管理方便，必须按业务需要进行货架编号，其形式多种多样。一般以排为单位进行编号，如库房内，有16排4层货架，每排有16个格眼，编号时可按1排1-16号，2排1-16号，以此类推，逐排逐号按顺序编列号码，以便存取。如5号仓库第9排货架第4号格眼，可以写成5（4/9），以示与货架标号的区别。

（2）货位编号的使用

货位编号是汽车配件的在库"住址"，标志必须明显、清楚。保管员、记账员必须使用仓库统编的货位号，对号收发货。仓库货位号的书写方法，在一个仓库必须一致。如把各个号码用短线连接起来就组成一个货位编号，写成5-1-3，即5号库房1货位3段。

汽车配件入库时，保管员根据汽车配件堆码位置，把货位号注明在入库凭证上，以便在记账时附注货位号；汽车配件出库时，要把货位号注明在出库凭证上，以便按号找货。

在库汽车配件由于整理货垛变动了存放位置，保管员应立即填制内部汽车配件变架通知单，将汽车配件变架后所在的位置通知记账房一同变更，以防发生差错。

3. 用条形码管理汽车配件

要维持一个仓库的正常功能，就要处理物料入库、出库、统计、盘点、收集订单、交货、验货、填写发货单、签发收据等事宜。这些工作反复涉及库存货物、进货货物的品名、规格型号、产地、单价、批发价等参数。如果货物上都标注上条形码标签，则可避免仓库管理人员反复抄写上述项目。进货、发货时，工作人员只需利用便携式条形码阅读器光笔读入货物包装上的条形码信息，然后通过条形码命令数据卡输入相应数值和进货或发货命令，计算机就可打印出相应单据。通过与主计算机联系，主计算机即可自动结算货款、自动盘货。

（1）条形码的结构

条形代码由黑色条幅和白色条幅根据特定的规则组成。黑白条幅排列方法不同构成不同的图案，从而代表不同的字母、数字和其他人们熟悉的各种符号。一个完整的条形码信息由多个条形代码组成。由于整条信息中的黑白条幅交替整齐地排列成栅栏状，人的眼睛不易区别其中单一字符的条形代码，因此要利用电子技术来识别。

（2）条形码信息的阅读

在仓库汽车配件条形码管理中，一般采用便携式条形码阅读器阅读汽车配件条形码信息。便携式条形码阅读器一般配接光笔式或轻便的枪型条形码扫描器。便携式条形码阅读器本身就是一台专用计算机,有的甚至就是一部通用微型计算机。这种阅读器本身具有对条形码扫描信号的译解能力,条形码内容译解后,可直接存入机器内存或机内磁带存储器的磁带中。阅读器本身具有与计算机主机通信的能力。通常,它本身带有显示屏、键盘、条形码识别结果声响指示及用户编程功能。使用时,这种阅读器可与计算机主机分别安装在两个地点,通过线路连成网络,也可脱机使用,利用电池供电,特别适用于流动性数据采集环境。收集到的数据可定时送到主机内存储。有些场合,标有条形码信息或代号的载体体积大,较笨重,不适合搬运到同一数据采集中心处理,这种情况下,使用便携式条形码阅读处理器十分方便。

二、汽车配件的安全合理堆码

1. 堆码的基本原则

仓库里的配件堆码必须贯彻"安全第一"的原则,在任何情况下,都要保证仓库、配件和人身的安全,同时还要做到文明生产,配件的陈列堆码一定要讲究美观整齐,具体要做到以下几点。

● 分类存放。不同类别的物品分类存放,甚至需要分区分库存放;不同规格、不同批次的物品也要分位、分堆存放;残损物品要与原货分开;对于需要分拣的物品,在分拣之后,应分位存放,以免混串。此外,分类存放还包括不同流向物品、不同经营方式物品的分类分存。

● 选择适当的搬运活性。

● 面向通道,不围不堵。

● 商品堆码操作要求:牢固、合理、整齐、定量、节约,如图4-6所示。

图4-6 整齐的货垛和倾斜的货垛

(1) 货垛"五距"要求

安全"五距":库内货垛与内墙的距离不得小于0.3 m,货垛与柱子之间不得小于0.2 m,货垛相互之间一般为0.5 m,货架相互之间一般为0.7 m;库外存放时,货垛与外墙的距离不得小于0.5 m,这样既可以避免配件受潮,又减轻了墙脚负荷,保证了库房建筑的安全。

货垛的"五距"指的是垛距、墙距、柱距、顶距和灯距,如图4-7所示。

图 4-7 货垛"五距"

（2）货垛设计

货垛的设计内容包括垛基、垛型、货垛参数、堆码方式、货垛苫盖、货垛加固等。

1）垛基

将整垛货物的质量均匀地传递给地坪；保证良好的防潮和通风；保证垛基上存放的物品不发生变形。

2）垛型

各种不同货垛的形状，如图 4-8 所示。

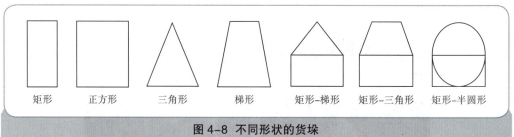

矩形　　正方形　　三角形　　梯形　　矩形-梯形　　矩形-三角形　　矩形-半圆形

图 4-8 不同形状的货垛

3）货垛参数

货垛参数是指货垛的长、宽、高，即货垛的外形尺寸。

（3）实行定额管理

对于库房的储存量指标应有明确规定，实行定额管理，质量不得超过设计标准的 90%，以保证库房建筑安全达到设计使用年限，每立方米空间的存放也要同时保证，确保了库存物资和人员的安全。

(4)堆码美观整齐

堆垛要稳,不偏不斜,不歪不侧,货垛、货架排列有序,上下左右中摆放整齐,做到横看成行、竖看成线。有些零件,如车门、排气管等扁平或细长件宜竖直存放,平放会导致下面的零件损坏且浪费空间。包装上有产品标志的,堆码时标志应一律朝外,不得倒置。如发现包装破损,应及时调换。

(5)质量小、体积较大的配件应单独存放

堆码时要注意两点:第一,要适当控制堆码高度;第二,不要以重压轻,以防倾倒。对易碎变形的配件,更不可重压,以保证其安全。

对某些配件,需露天存放时,也要美观整齐,并且要上盖下垫,顶不漏雨,下不浸水,四周要通风,排水要良好。

(6)清理现场

每次发货后要及时清理现场,该拼堆的拼堆,该上架的上架,最后清扫干净,这样一方面腾出了货位,以便再次进货,同时又保持了仓库的整洁美观。

2. 堆码的方法

(1)重叠法

按入库汽车配件批量,视地坪负荷能力与可利用高度,确定堆高层数,摆定底层汽车配件的件数,然后逐层重叠加高。上一层每件汽车配件直接置于下一层汽车配件之上并对齐,如图4-9所示。硬质整齐的汽车配件包装、长方形的包装和占用面积较大的钢板等采用此法,垛体整齐,稳固,操作比较容易。但不能堆太高,尤其是孤立货垛以单件为底,如直叠过高易倒。

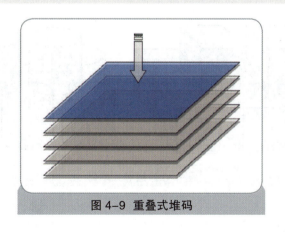

图4-9 重叠式堆码

(2)压缝法

针对长方形汽车配件包装的长度与宽度成一定比例的,如图4-10所示,汽车配件每层压缝

堆码，即上一层汽车配件跨压下一层两件以上的汽车配件，下纵上横或上纵下横，货垛四边对齐，逐层堆高。用此法每层汽车配件互相压缝，堆身稳固，整齐美观，又可按小组出货，操作方便，易于腾出整块可用空仓。每层和每小组等量，便于层批标量，易于核点数量。

（3）牵制法

汽车配件包装不够平整，高低不一，堆码不整齐，如图4-11所示，可在上下层汽车配件间加垫，并加放木板条，使层层持平有牵引，防止倒垛。此法可与重叠法、压缝法配合使用。

图4-10 压缝法堆码

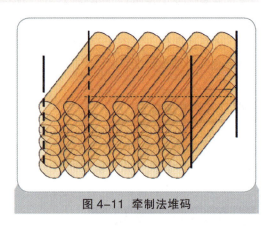

图4-11 牵制法堆码

（4）通风法

为便于汽车配件通风散潮，有的汽车配件的件与件不能紧靠，要前后左右都留一点空隙，宜采用堆通风垛的方法。其堆码方法多种多样，常见的有"井"字形、"非"字形、"示"字形、旋涡形等。需要通风散热、散潮，必须防霉及怕霉的汽车配件，常用此法，如图4-12所示。

桶装、听装的液体汽车零件，排列成前后两行，行与行、桶与桶之间都留空隙；堆高上层对下层可压缝，即上一件跨压在下两件"肩"部，以便检查有无渗漏。

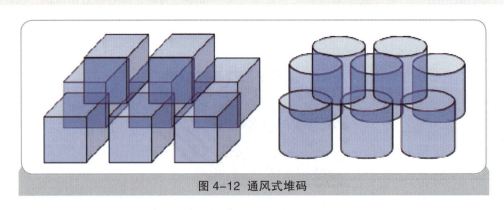

图4-12 通风式堆码

（5）行列法

零散小批量汽车配件，不能混进堆垛，要按行排列，不同汽车配件背靠背成两行，前后都面对走道，形成行列式堆码，可以避免堆死垛（堆放垛中无通道，存取不便）。

三、特殊汽车配件的分类存放

1. 玻璃制品配件存放

由于玻璃制品配件自重小，属轻泡物资，不能碰撞和重压，故应设立专用仓库储存，而且在堆垛时应十分注意配件的安全，如图4-13所示。

图4-13 汽车玻璃制品的存放

2. 塑料油箱

为减小整车装备质量，越来越多的车型采用塑料油箱。塑料油箱在存放过程中有两个方面值得注意：

● 因为塑料易变形，所以应将有塑料螺纹的安装孔（例如燃油浮子的安装孔）盖子盖上并拧好，防止长时间储存变形后盖子拧不上，或者拧上后密封不好而发生燃油泄漏事故。

● 所有的孔都应盖上防尘盖以防灰尘杂质进入油箱。塑料油箱上没有放油螺塞，一旦带有灰尘杂质的油箱装上车，如要将杂质排出来，就只有将油箱拆下来才能清洗。

3. 不能沾油的汽车配件

（1）橡胶制品配件

轮胎、水管接头、V带等橡胶制品怕沾柴油、润滑脂，尤其怕沾汽油，若常与这些油类接触，就会使橡胶配件膨胀，加速老化，很快损坏报废。

风扇传动带、发电机传动带沾上油，就会引起打滑，影响冷却和发电。

干式离合器的各个摩擦片应保持清洁干燥，因为沾上油就会打滑。同样，制动器的制动蹄片如沾上油，则会影响制动效果。

此外，对于橡胶制品，特别是火补胶，应在能保持环境温度不超过25℃的专用仓库内储存，以防老化，保证安全。

另外，为防止轮胎受压变形，也需要专门的货架保管，这种货架有固定的，也有可以拆装的，如图4-14所示。

图 4-14 轮胎的存放

（2）其他不能沾油的配件

干式纸质空气滤清器滤芯不能沾油，否则灰尘、砂土黏附在上面，会将滤芯糊住，这样会增大气缸进气阻力，使气缸充气不足，影响发动机功率的发挥。

发电机、起动机的炭刷和转子沾上润滑脂、机油，会造成电路断路，使工作不正常，甚至致使汽车不能起动。

散热器沾上机油、润滑脂后，尘砂黏附其上，不易脱落，会影响散热效果。

4. 减震器

减震器在车上承受垂直载荷。因为长时间水平旋转会使减震器失效，因此存放减震器时要将其竖直放置。水平放置的减震器在装在汽车上之前，要在垂直方向上进行几次手动抽吸。

5. 爆震传感器

爆震传感器受到重击或从高处跌落会损坏。为防止取放配件时失手跌落而损坏，爆震传感器不应放在货架或货柜的上层，而应放在底层，且应分格存放，每格一个，下面还要铺上海绵等软物。

6. 预防霉变的配件

对于软木纸、毛毡制油封及丝绒或尼制门窗嵌条一类储存期超过半年的配件，除应保持储存场地干燥外，在毛毡油封或尼槽包装箱内应放置樟脑丸，以防止霉变及虫蛀。

7. 蓄电池的储存

对于蓄电池的储存，应防止重叠过多和碰撞，防止电极及盖因重压受损，而且应注意加注电解液的密封，防止潮湿空气进入。至于极板的储存，则应保持仓间干燥，储存期一般规定为 6 个月，必须严格控制。

四、汽车配件的养护

在汽车配件长期储存中,由于温度、湿度以及污染气体的作用,超储备、包装、储存及保管不善等因素,配件发生锈蚀、霉变、变形、破损等,因此必须对储存保管的配件进行定期检查,及时发现问题,及时采取相应的保养措施,以挽回损失。如有些配件发生了质的变化如锈死或变形,无法补救的,只有作报废处理。

1. 创造良好的存储条件

由于汽车配件品种繁多,使用的材料和制造方法各具特点,有的怕潮、有的怕热、有的怕阳光照射、有的怕压等,在储存中受自然因素的影响会发生变化,因此需要采取防尘、防潮、防高温、防照射等措施,为配件的存放创造适宜的条件,以免影响到这些配件的质量。

(1)安排适当的库房和货位

各种配件的性能不同,对储存保管的要求也不一样。因此,在安排库房和配件进库后具体安排货位时,应把不同类型、不同性质的配件,根据其对储存条件的要求,分别安排到适当的仓库和货位上去。

绝大部分的汽车配件都是金属材料制品,对于忌湿的金属配件,一般都应在底部加垫,并且应该集中放在通风、向阳的位置以防锈蚀。对于忌高温的配件,应该放在无阳光照射的位置。对于对防尘、防潮、防高温要求高的配件,应设专柜储存、专人保管,这样安排就比较合理。对于高档的或已开箱配件,像收音机、仪器仪表、轴承等,在条件具备的情况下,可设密封室或专用储存柜储存。

(2)加强库内温湿度控制

为了加强仓库内温度及湿度的控制,可采取自然通风、机械通风或使用干燥剂等措施,以控制库内的温度和湿度。具体来说,就是根据不同季节、不同的自然条件,采取必要的通风、除湿、降温措施。当库区湿度大于库外湿度时,可将门窗适当打开。当库区湿度降到与库外湿度基本平衡时,就将门窗关闭。为库外湿度大于库内湿度时,窗户不要打开。收货、发货必须开门时,在作业完毕后,一定要及时关门。有条件的仓库,除了自然通风之外,还可以采取机械通风办法,在库房的上部装置排风扇,下部装置送风扇,这样可以加速库内空气流通,起到降温、除湿作用。

除此之外,为减少库内空气湿度,可以在库内放置一定数量的干燥剂,有利于吸收空气中的水汽。干燥剂一般有生石灰、氯化钙、氯化锂,一般汽车配件采用氯化钙为宜。在使用干燥剂吸湿时,只有关闭门窗和通风孔洞,才能保证吸湿效果。

2. 汽车配件的维护

汽车配件绝大多数系金属制品,大量的储存质量问题表现为生锈和磕碰伤;少数表现为破损;橡胶制品则表现为老化和变形(失圆、翘曲);铸件和玻璃制品表现为破损;毡尼制品表现为发霉、虫蛀;电气配件表现为技术性能失准或失效等,其维护方法如下。

(1) 生锈和磕碰伤的维护

大量的事例常见于各种连接销和齿轮及轴类配件,如活塞销、转向节主销、气门、气门挺杆、推杆、摇臂轴、曲轴、凸轮轴等。特点是这些配件都有经过精加工的磨光配合工作面,如发生生锈、磕碰伤,轻微的可以采用机械抛光或用"00"号砂纸轻轻打磨的方法予以去除,然后重新涂油防护。对于严重而影响使用质量的,其中,若有加大尺寸余量的,可磨小一级予以修正;若已经是标准尺寸或已是最小维修尺寸,则只能报废;有的则需要进行修复并降价处理,例如曲轴和其他一般轴类可用喷焊或镀铬后再磨光。但在加工成本过高、货源又较充沛的情况下,这类配件不受用户欢迎,往往也只得报废。又如变速齿轮及具有花键的轴,如啮合工作面锈蚀严重,虽经除锈,仍容易造成应力集中,在一定程度上削弱其使用质量和寿命,故生锈轻者可降价销售,重者则报废,具体处理视锈蚀程度及需求情况而定。

(2) 配件铸锻毛坯的清洁与维护

配件的铸锻毛坯面往往由于清砂或清洗不净,残留氧化皮或热处理残渣,虽然经过涂漆或蜡封,但在储存中仍旧极易生锈而且更为严重(大块剥蚀)。这种情况,必须彻底加以清除和清洗,然后重新涂漆或蜡封,且需视其外观质量及影响使用质量的程度,按质论价。

(3) 电器与仪表配件的维护

电器、仪表配件往往由于振动、受潮而使绝缘介电强度遭到破坏,触点氧化,气隙变动,接触电阻增大等故障,致使工作性能失控或失准,此时必须进行烘干、擦洗(接触件)调整并进行重新校验,以恢复其工作性能。某些电器、仪表的锌合金构件,往往因氧化变质而造成早期损坏,必须进行修理、校准,严重时只得报废。

(4) 蓄电池和蓄电池阴阳极板的维护

蓄电池和蓄电池阴阳极板往往由于包装不善或未注意防潮,短期内便造成极板的氧化发黄,较长期后则会造成极板的硫酸铅化,使其电化学性能明显下降,甚至无法挽回,故在储存中必须注意防护。

(5) 铸铁或球铁配件的维护

由铸铁或球铁制成的配件,如制动毂、缸体、缸盖、气缸套筒、起动机、发电机端盖等,易在搬运中磕碰而造成破裂或缺损,一旦损坏,除端盖可以更换外,其他则无法修复,只能报废。因此,在储存中应注意防护,防止磕碰。

(6) 玻璃制品与橡胶配件及石棉制品的维护

玻璃制品的破损,橡胶配件的老化,石棉制品的损伤裂缺,都无法进行修补。因此,在储存中应注意防护。

3. 汽车配件的防锈

（1）汽车配件的防锈工艺类型

汽车配件中金属制品所占比例较大，而不同金属配件的材料（分黑色金属和有色金属）、体形结构、单件质量、制造精度、工作性能等又有很大的差异，故必须根据不同配件的具体情况选择不同的防锈材料和工艺，其防锈工艺大致可以分为以下几种。

1）涂防锈油

应用这种防锈方式的为制造精度和工作质量要求较高、结构复杂或工作表面粗糙度 Ra 要求在 1.6 μm 以下，并要求易于清洗应用的配件，如气缸盖、气缸体、气缸套、连杆、活塞、活塞销、十字节、转向主销等。

2）涂防锈脂

应用这种防锈方式的为结构虽较单一，但体形较大或较重的配件，如曲轴、凸轮轴、变速齿轮及轴、传动或变速连接凸缘叉、轴头等。

3）可剥性塑料胶囊

应用这种防锈方式的为精密偶件，如喷油泵柱塞副和喷油嘴等。

4）涂漆或喷漆

应用这种防锈方式的为要求外观光洁的配件，如灯具、机油滤清器及空气滤清器、钢板弹簧、减震器等。

5）镀锌和镀锡及阳极氧化

应用这种防锈方式的为电器零件、活塞、水泵轴、轮胎螺钉等。

（2）金属配件的防锈油脂

金属配件的防锈油脂是以矿物油等为基材，加入防锈剂及辅助添加剂配制成具有一定防锈效果的油脂状防锈材料。由于涂刷、清洗都较方便，价格低廉，来源比较充足，因此在配件生产工序及储存中大量被采用。根据配件的不同特性和储存要求，需采用不同类型的防锈油脂。

4. 汽车配件的清洗

（1）汽车配件的清洗方法

1）金属零件

金属零件的清洗方法包括冷洗法和热洗法。冷洗法是将零件放入盛有煤油或汽油的盆里清洗干净并吹干；热洗法是将苛性钠溶液加热至70 ℃~90 ℃后，将零件放入煮10~15 min，取出后用清水冲净并吹干。铝合金零件不能用苛性钠溶液清洗，应选用碱酸钠溶液。

2）非金属零件

橡胶零件应用酒精或制动液清洗，皮质零件（如油封的皮圈）用干布擦拭。

3）电器零件

电器零件只能用汽油擦拭，不能用煤油、柴油或金属清洗剂清洗。

（2）常用清洗液

产品表面的污物分水溶性和非水溶性两类。前者包括冷却液、手汗、酸碱盐等；后者包括切削油、研磨膏、油脂等。水溶性污物可用碱性溶液清洗，非水溶性污物一般可用石油溶剂清洗。

任务三 汽车配件出库程序

对于配件的发放和出库，一定要做到迅速和准确，必须要根据合法的出库凭证，贯彻合理的发放和出库的原则，防止长期积压、生锈；通过不同的出库核算方法对库存进行核算；对出库凭证不全的一定不出库，在出库后要做好配件出库的登记。

一、出库程序与要求

1. 出库程序

（1）核对单据

业务部门开出的供应单据（包括供应发票，转仓单，商品更正通知单，补发、调换、退货通知单等）是仓库发货、换货的合法依据。保管员接到取货单或换货单后先核对单据内容、收款印戳，然后备货或换货。如发现问题，应及时与有关部门联系解决，在问题未弄清前，不能发货。

（2）备货

备货前应将供应单据与卡片、实物核对，核对无误，方可备货。

（3）复核、装箱

备货后一定要认真复核，复核无误后，用户自提的可以当面点交，属于外运的可以装箱发运。在复核中，要按照单据内容逐项核对，然后将单据的随货同行联和配件一起装箱。如果是拼箱发运，则应在单据的仓库联上注明，如果编有箱号，则应注明拼在几号箱内，以备查考。无论是整箱或拼箱，都要在箱外写上运输标志，以防在运输途中发错到站。

（4）报运

配件经过复核、装箱、查号码后，要及时过磅称重，然后按照装箱单的内容逐项填写清楚，报送运输部门，向承运单位申请准运手续。

(5) 点交和清理

运输部门凭装箱单到仓库提货时，保管员先审查单据内容、印章及经手人签字等，然后按单据内容如数点交。点交完毕后，随即清理现场，整理货位，腾出空位，以备再用。用户自提的一般不需备货，随到随发，按提货内容当面点交，并随时结清，做到卡物相符。

(6) 单据建档

发货完毕后，应及时将提货单据（盖有提货印章的装箱单）归档，并按照其时间顺序分月装订，妥善保管，以备查考。

2. 出库的要求

(1) 凭单发货法

仓库保管员要凭业务部门的供应单据发货，但如果单据内容有误，填写不合规定、手续不完备，保管员可以拒绝发货。

(2) 先进先出法

先进先出法指根据先购进的存货先发出的成本流转假设对存货的发出和结存进行计价的方法。先按存货的期初余额的单价计算发出的存货的成本，领发完毕后，再按第一批入库的存货的单价计算，依此从前向后类推，计算发出存货和结存货的成本。

例：假设库存为零，1日购入A产品100个单价2元；3日购入A产品50个单价3元；5日销售发出A产品50个，发出单价为2元，成本为100元。

先进先出法假设先入库的材料先耗用，期末库存材料就是最近入库的材料，因此发出材料按先入库的材料的单位成本计算。

先购入的存货成本在后购入的存货成本之前转出，据此确定发出存货和期末存货的成本。

①优点

从筹资角度来看，较多的利润、较高的存货价值、较高的流动比率意味着企业财务状况良好，这可以博取社会公众对企业的信任，增强投资人的投资信心。利润的大小往往是评价一个企业负责人政绩的重要标尺。不少企业按利润水平的高低来评价企业管理人员的业绩并根据评价结果来奖励管理人员。此时，管理人员往往乐于采用先进先出法，因为这样做会高估任职期间的利润水平，从而多获得眼前利益。

②缺点

商品的售价是按近期市价计算的，因而收入较多，当销售收入和销售成本不符合配比原则时，以此计算出来的利润就偏高，形成虚增利润，实质为"存货利润"。

由于虚增了利润，就会加重企业所得税负担，以及向投资人分红增加，从而导致企业现金流出量增加。

（3）及时准确

一般大批量发货不超过两天。少量货物，随到随发。凡是注明发快件的，要在装箱单上注明"快件"字样。发出的配件车型、品种、规格、数量、产地、单价等，都要符合单据内容。因此，出库前的复核一定要细致，过磅称重也要准确，以免因超重发生事故。

（4）包装完好

配件从仓库到用户，中间要经过数次装卸、运输，因此，一定要保证包装完好，避免在运输途中损失。

二、仓库零件盘点

为了及时掌握库存配件的变化情况，避免配件的短缺丢失或过储积压，必须对配件进行定期或不定期的盘点。汽车配件的盘点是指仓库定期对库存汽车配件的数量进行核对，清点实存数，核对账目。盘查的内容主要是数量、质量、保质期等，并做好相应记录。盘点时不仅要清查库存账与实存数是否相符，有无溢缺或规格互串，还要查明在库汽车配件有无变质、失效、残损和销售停滞等情况。

通过盘点，彻底查清库存数量已有或隐蔽、潜在的差错事故，发现在库汽车配件的异状，及时抢救、减少和避免损失。

1. 盘点前提及要求

- 盘点的目的是整理仓库货品、检查历史单据及库存错误、校准软件系统库存数量及财务记账。
- 盘点的前提是得到公司总经办通知，仓库要提前得到通知，相关各部门一并得到通知及确认。
- 做好盘点计划并按计划进行，准备时间足够。
- 要求准确、完整、高效；各步骤做好相应的记录，以便查询。
- 周期控制在每季度一次。
- 盘点范围以各个仓库为单位，对应软件系统的仓库名称，各仓库盘点顺序可以按需要调整。
- 盘点方式可以是手工抄写也可以用盘点机扫描输入，如需使用要提前准备好盘点机。
- 各负责人要到位协助和监督，所有参与人要认真负责。
- 确定好单据截止日期和盘点日期。
- 提前把库存数量控制在适当范围内，清理仓库中的长期积压库存。

2. 盘点流程

盘点步骤为：整理库存、人工点算、点算核对、扫描录入、手抄剩余无法扫描货号、盘点单整理、抽盘核对和确认记账，如图 4-15 所示。

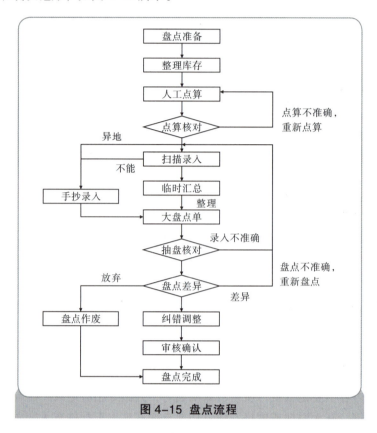

图 4-15 盘点流程

3. 盘点流程明细

（1）盘点准备

- 分析库存量，估算盘点时间。
- 做好"盘点计划表"，明确时间和人员计划。
- 完成相关收货和发货工作，把库存控制在适当的数量。
- 完成货品出入库的单据确认，删除不相关单据，更新检查库存数量。
- 相关负责人不能缺勤。
- 软件环境（前后台数据同步，库存更新，开启数据库日志以备异常查找和处理），开启无线网络及准备盘点机。

（2）库存整理

- 按条码分放。

- 货品全部箱内存放,各箱内数量尽量有规律或者为整数,避免点数错误。
- 各款号堆放有序可循。
- 货架堆放尽量均匀,避免太挤。
- 货品堆放高度不超过4箱或者6盒,每箱或者盒内只放一层。
- 无法整理或者待报废处理的货品另外堆放。
- 不参与盘点的货品另外堆放。

(3) 人工点算

- 进行点算工作时,按计划安排足够人员分组展开。
- 预先对仓库进行分区,对货架进行编号,划分点算负责人。
- 计数以单盒或者箱为单位,认真点算箱内数量,并仔细查看款号、颜色和条码。
- 将点算的款号、颜色和数量写在箱面,要求书写工整清楚,无误解可能。
- 点算过程不允许移动货品到别的箱和架,分离货品即分开点算。
- 点算完成后本组的另外人员进行复盘,即对箱内货品再次点算。
- 复盘人员对箱内货品重新点算并核对,发现错误及时纠正。

(4) 点算核对

- 为检查点算的准确性,对点算结果进行抽检核对。
- 核对工作由非仓库人员完成,要求态度认真仔细。
- 核对工作要有记录,形成"点算核对表"。
- 如果核对差异大于可接受范围,则要求整架重新点算或者点算不准确一组重新点算。
- 核对的范围要求包括各组及仓库各架货品。
- 所有核对结果满足要求后可以结束点算工作,所有人员不得再对仓库内货品进行操作。

(5) 扫描录入

- 扫描录入是一种把点算结果直接录到软件系统中的盘点录入办法,对应系统中的"临时汇总单"。
- 安排足够人员分组进行,参考点算过程要对仓库分区和对货架编号。
- 每组两人或者三人配合进行,一人拿出箱内货品及报数,一人扫描及录入数量。
- 扫描结果要与点算结果核对,如果不符合要检查纠正,不能扫描的条码盘点机支持手工录入,如果无法输入则另外存放等待。
- 扫描过程要按照堆放的顺序依次进行,如果中途停下要做好标记,严格区分扫描和未扫描货品。扫描完成后的货品要封箱,整齐堆放。
- 扫描最小以架为单位,每货架均有相应组负责,整架扫描完成后可以贴上扫描人名字。
- 由于扫描是直接保存到临时汇总单的,因此要求每次开始时盘点新增汇总单(备注扫描人名字、日期、货架号),完成后(包括午休)保存汇总单,并且把汇总单单号、数量和扫描人记录到"盘点表记录"表中。

- 盘点机使用事项参考附注内容"盘点机使用事项",扫描人员要认真负责,对扫描结果负责,发现问题及时提出。

(6) 大盘点单

- 按"盘点表记录"检查核对全部汇总单,并把全部汇总导入一个合计汇总单内(一个汇总单可以对应一个箱号)。
- 把手抄录入的汇总单也导入合计汇总单内,其他处理的款号数量也加入合计汇总单内,核对各单数量及汇总数量,确保没有错误。
- 随机抽取合计汇总单的部分明细,记录条码和数量,安排人员对这部分条码进行再次盘点检查,抽取的条码不少于10个,包含全部大分类,盘点数量不小于1 000,形成"抽盘记录表"。
- 核对盘点数量和抽盘结果,如果结果差异数不满足要求(无原因差异条码超过百分之一,或者条码总数超过10个),则要求重新盘点录入。
- 如果核对结果符合要求,则新建仓库整仓大盘点单(盘点日期修改为财务确定的日期,备注开单人名字、开单日期、盘点仓库和数量),把合计汇总单的全部明细导入大盘点单中保存。

(7) 盘点差异

- 打开整仓大盘点单明细,选择菜单栏"单据打印",打开"查询差异"可以查询本次盘点的盈亏明细。
- 仓库负责人要首先对盈亏进行审核,排序筛选盈亏明细,查看盈亏情况,分析盘点结果。
- 如果要查看盈亏明细的款号等其他信息,可以先把盈亏明细的条码和数量导入销售单中再导出销售单进行查看。
- 如果盘点差异很明显,则需要对差异进行分析和确认,对可能的原因进行排查,包括串款、串色、漏盘错盘、业务单据错误和汇总处理错误等。
- 差异数量超过千分之三的可以要求重盘,如果重盘点两次以上或者超过计划时间仍达不到要求,则本次应该废弃。
- 对盘点差异分析检查中发现的问题要做好记录,如果盘点有效,则在整仓大盘点单做修改(最好是新增箱号的修改)。
- 无法分析和排查的差异需要附在盘点流程表报财务和总经办查看并得到确认,盘点单不允许修改。

(8) 盘点完成

- 由仓库负责人把盘点流程表完成,提交给财务,如果盘点失败,则需注明原因。
- 财务负责盈亏的第二次审查,应当在收到流程表当天完成盘点单和差异的检查,并在一天内对盘点结果进行确认,如果确认盘点有效,则确认完成盘点单。
- 盘点单确认完成后系统会自动生成损益单,记录盈亏情况完成流程表和盘点报告,提交总经办审核。
- 总经办确认盘点后发出完成通知到各部门,盘点流程结束,系统可以开启正常业务。

● 盘点过程中出现的事故及问题，涉及的奖惩由行政部后续完成。

4. 盘点结果的验收、总结及处理

对于盘点后出现的盈亏、损耗、规格串混、丢失等情况，应组织复查落实，分析产生的原因，及时处理。

（1）储耗

对易挥发、潮解、溶化、散失、风化等物资（例如油漆、涂料、天那水等），允许有一定的储耗。凡在储耗标准以内的，由保管员填报"合理储耗单"，经批准后，即可转财务部门核销。储耗的计算，一般一个季度进行一次。

合理储耗的计算公式：

$$合理储耗量 = 保管期平均库存量 \times 合理储耗率（历年来平均实际储耗）$$

$$实际储耗量 = 账存数量 - 实存数量$$

$$储耗率 = \frac{保管期内实际储耗量}{保管期内平均库存量} \times 100\%$$

实际储耗量超过合理储耗部分作盘亏处理，凡人为造成的物资丢失或损坏，不得计入储耗。

（2）盈亏和调整

在盘点中发生盘盈或盘亏时，应反复落实，查明原因，明确责任。由仓管员填制"库存物资盘盈盘亏报告单"，经仓库负责人审签后，按规定报经审批。

（3）报废和削价

由于保管不善，造成霉烂、变质、锈蚀等的配件，在收发、保管过程中已损坏并已失去部分或全部使用价值的；因技术淘汰需要报废的，经有关方面鉴定，确认不能使用的，由仓管员填制"物资报废单"报经审批。由于上述原因需要削价处理者，经技术鉴定，由仓管员填制"物资削价报告单"，按规定报上级审批。

（4）事故

被盗、火灾、水灾、地震及仓库有关人员失职引起的配件数量和质量受到损失者，应做事故向有关部门报告。

在盘点过程中，还应清查有无本企业多余或暂时不需用的配件，以便及时调剂给其他需用单位。

任务四 汽车配件仓库经济管理

ABC分析法是经济活动中应用的一种基本方法，是一种从错综复杂、名目繁多的事物中找出主要矛盾，抓住重点，兼顾一般的管理方法。ABC分析法又被称为重点管理法或分类管理法，广泛应用于商品的销售、采购、储备、库存控制等各个环节，目的在于提高资金利用率和经济效益。

1. ABC分析法的实际应用

A类配件：应采取重点措施，进行重点管理，选择最优进货批量，尽量缩短进货间隔时间，做到快进快出，加速周转。

B类配件：只进行一般管理，主要做到进销平衡，避免积压。

C类配件：规定该类配件的最大及最小储备量，当储备量降到最小时，一次订货达到最大量。

2. 如何进行ABC分类

● 计算每种配件在一定时期内（如1年内）所花费的资金总额，其计算方法是以配件单价乘以需求量，列出品种和资金一览表。

● 根据一览表，把每一配件品种的资金数按大小顺序排列，计算出各品种占总金额的百分比。

● 根据配件品种数和资金额占全部品种数和总金额的百分比，将配件分成A、B、C三类。

3. ABC分析法在储备管理中的作用

● 可使配件库存管理有条理，储备有重点，供应有主次；订货易选择，核算有基础，统计好分析，为配件核算和计划编制工作奠定基础。

● 可以对配件合理分类，较准确地确定订货批量和储备周期，能克服不分主次储备，使储备从定性分析上升为定量分析，做到配件储备定额合理先进。

● 以资金大小依次分类，可以使管理人员自觉形成对资金管理的重视，并且懂得管好A类配件就能取得用好资金的主动权；可以改变管理人员"只管供、不管用、只管物、不管资金"的片面做法，提高配件仓库的微观经济效益。

● 对于占用资金不多的C类配件，可采用规定该类配件的最大及最小储备量的方法来保证供应，节省了大量的时间和保管费用，避免了人力、财力、物力的浪费，能更好地集中精力抓主要矛盾，管好A类及B类配件。

● 能有效地帮助仓库管理人员逐步摸索和分析配件进销及库存的数据和规律性，有助于避免配件库存积压，进行合理储备，有助于加速资金周转，便于仓库核算及企业经济效益的提高。

● ABC分类不仅使配件分类清楚，而且使合同管理更为严格，因为配件一不到货就能及时反映出供需矛盾，所以能增强执行合同的严肃性。

●有助于企业进行库存结构分析。汽车配件销售企业的库存结构，就是指适销对路的配件在整个库存中所占的比例。

一、填空题

1. 汽车仓储管理，具体包括汽车配件的_____、_____、_____、_____、_____、_____与统计管理等工作。
2. 盘查的内容主要是_____、_____、_____，并做好相应记录。
3. 入库验收，包括_____和_____两个方面的验收。
4. 货垛的"五距"指的是_____、_____、_____、_____和_____。
5. 金属零件的清洗方法包括_____和_____。
6. 质量小、体积大的配件应_____存放。

二、简答题

1. 汽车配件有哪些防锈工艺？

2. 为什么汽车配件要进行分类存放？分类存放有什么好处？

3. 简要说明汽车配件入库的程序。

课题五 汽车配件营销

知识目标

（1）掌握汽车配件销售的特点和基本要求。
（2）了解配件介绍的方法及客户需求分析方法。
（3）掌握市场营销方法。

能力目标

（1）能够正确运用汽车配件的销售策略和促销策略。
（2）能够进行汽车配件目标市场的细分。

任务一　汽车配件产品的销售策略

一、汽车配件产品销售的特点

汽车配件销售与一般的商品货物销售是有很大差别的，这些差别主要体现在以下几个方面。

1. 较强的专业性

现代汽车是多种高新技术的产物，具有复杂的机械、液压、电子控制技术，每一个零部件都具有严格的型号、规格、工况标准。要在不同型号汽车的成千上万个零件品种中为顾客精确、快速地查找出所需的配件，就必须有高度专业化的人才，并有计算机管理系统作为保障。从业人员既要掌握商品营销知识，又要掌握各种汽车配件专业技术知识，学会识别各种汽车配件的车型、规格、性能、用途以及配件质量的检验知识。

2. 经营品种多样化

汽车在整个运行周期中，约有 3 000 种零部件存在损坏和更换的可能，所以经营某一个车型的零配件就要涉及许多品种规格的配件。即使同一品种、规格的配件，由于国内有许多厂在生产，其质量、价格差别也很大，甚至还存在假冒伪劣产品，因此要为用户推荐货真价实的配件，也不是一件容易的事。

3. 较大的库存支持

由于汽车配件经营品种繁多，以及汽车故障发生的随机性，经营者要将大部分资金用于库存储备和商品在途资金储备。

4. 配件销售的季节性

配件销售跟汽车销售一样，也具有季节性。一年春夏秋冬这一自然规律，给汽车配件销售市场带来不同季节的需求。在春雨绵绵的季节里，为适应车辆在雨季行驶，需要各种车上的遮雨帆布、各种风窗玻璃、车窗升降器、电动刮水器、刮水臂及刮水片、挡泥板等。炎热的夏季，因为气温高，发动机机件磨损大，所以火花塞、汽缸垫、进排气门、风扇皮带及冷却系统部件等的需求大，特别是空调系统由于长时间工作在高温环境下，压缩机的磨损及发热量特别大，空调控制电路部件也因容易出现故障而需要更换。寒冷的冬季，由于气温比较低，北方更明显，发动机起动困难，需要的蓄电池预热塞、起动机齿轮、飞轮齿环、防冻液、各种密封件等配件就增多。由此可见，自然规律给汽车配件市场带来非常明显的季节性需求。

5. 配件销售的地域性

我国土地辽阔，地形多样，海拔高度悬殊。这种地理环境，给汽配销售市场带来不同的地域性需求。在城镇，特别是大、中城市，因人口稠密、物资较多、运输繁忙，汽车起动和停车制动次数较频繁，机件磨损较大，其所需起动、离合、制动、电气设备及机械部件的数量就较多，如一般省会城市的公共汽车公司、客运及货运汽车公司的车辆，所需离合器摩擦片、离合器分离杠杆、前后制动片、起动机齿轮、飞轮齿环等部件一般就占上述各系品种总销售额的一半。在山地高原，因山路多、弯道急、坡度大、颠簸频繁，汽车钢板弹簧易断、易失去弹性；减震器部件也易损坏；变速部件、传动部件易损耗，需要更换总成件也较多。由此可见，地理环境因素给汽配销售市场带来了显著的影响。

二、汽车配件产品的售后服务

国内汽车市场近几年蓬勃发展，汽车产业已经成为我国重要的支柱性产业。汽车零配件产业已经深入全国各地，在解决数量庞大的就业需求的同时，也带动了众多的其他相关产业，所以汽车零配件业在国民经济中的位置显得非常重要。正因为它关系到众多的产业，所以更应该认真对待售后服务。

客户是否满意是衡量售后服务工作好坏的一个评价标准，在大家都重视服务的今天显得尤为重要。如今，客户满意度、忠诚度、终身价值三者之间的直接联系已得到广泛宣传。全力提升服务满意度、打造服务品牌正逐渐成为一些具有前瞻性的汽车零配件品牌的共识。

1. 汽车售后配件客户关系管理

（1）客户关系管理概念

国内外学者对客户关系管理的定义有很多表述，通常认为客户关系管理（Customer Relationship Management，CRM）是集中于顾客，为了增加收入和利润的综合商业模式。客户关系管理应该是以客户为中心的关系营销的延伸。具体来讲，它指任何用于帮助企业通过一个或更多的接触点，如电话营销、销售人员、分销商、商店、分支机构、网站或电子邮件来优化与顾客、供应商或潜在顾客的交流，以达到争取、留住顾客或与顾客进行交叉销售目的的设计方案和行为。

客户关系管理重在管理。通过管理方法及手段实现客户价值和企业利润最大化是管理的任务和目标。客户关系管理的关键点是建立数据库，进行客户信息分析，得出客户价值分析报告，这样才能为企业以后有的放矢地开展工作奠定良好的基础。

（2）客户关系管理的内容

1）建立客户档案

客户的档案管理是对客户的有关材料以及其他技术资料加以收集、整理、保管和对变动情况进行记载的一项专门工作。建立客户档案直接关系到售后服务的正确组织和实施。

档案管理必须做到以下几点：

- 档案内容必须完整、准确。
- 档案内容的变动必须及时。
- 档案的查阅、改动必须遵循有关规章制度。
- 要确保某些档案及资料的保密性。

客户档案可采用卡片的形式，主要内容包括：客户名称、详细地址、邮政编码、联系电话、法定代表人姓名、注册资金、生产经营范围、经营状况、信用状况、供销联系人、银行账号、与其建立交易关系的时间、历年交易记录、联系记录、配件消耗、配件来源情况等。

2）对顾客档案进行分析

掌握顾客的档案信息后，要积极着手分析顾客档案。顾客档案分析的内容取决于顾客服务决策的需要。由于在不同企业、不同时期，这种需要有所不同，因此进行顾客档案分析利用的内容也不同。常用的顾客档案分析内容有需求和购买行为分析、构成分析、信用分析和对企业的利润贡献分析等。

- 顾客经济状况分析。利用顾客档案记录内容详细、动态地反映顾客的行为及状况的特点，进行顾客经济状况分析，确定针对不同顾客的付款条件、信用限度和价格优惠等。信用分析也是顾客档案分析的重点内容之一，利用档案中顾客经济情况资料、付款方式、付款记录等，还可以对顾客的信用进行定期的评判和分类。对于信用分析中信用等级高的顾客，则作为业务发展的重点，并给予一定鼓励或优惠，如优先服务、特殊服务、优惠价格和信用条件等。这对于加速企业资金周转和利用，防止出现呆账、坏账十分有效。
- 企业利润构成分析。顾客资产回报率是分析企业从顾客获利多少的有效方法之一。该方法仅从顾客的毛利中减去直接顾客成本，包括维修费用、服务费用和送货费用等，而不考虑企业的研究开发、设备投资等费用，从而得出顾客资产回报率。
- 企业收入构成分析。统计分析各类顾客中每位顾客在企业总收入中所占比例，及这一比例随时间推移的变动情况，用以表明企业服务的主要对象，划分不同规模的顾客。这对于明确促销重点、掌握渠道变动情况是十分重要的。
- 顾客地区构成分析。利用顾客档案分析顾客地区构成是一种最为普遍、简单的档案分析方法，分析企业顾客总量中各地区顾客分散程度、分布地区和各地区市场对企业的重要程度，是设计、调整分销和服务网络的重要依据。值得指出的是，这种构成分析至少要利用5年以上的资料，才能反映出顾客构成的变动趋势。

除以上档案分析内容外，在实践中一些企业还利用顾客档案进行关系追踪与评价、顾客与竞争者关系分析、顾客占有率分析、开发新顾客与损失顾客分析、企业营销努力效果分析、合同履行分析等。建立顾客档案、收集顾客资料的目的是利用这些信息，使其在实现企业的顾客向导中真正发挥作用，实现信息的价值。因此，要在建立顾客档案的基础上，不断开发利用档案信息内容。顾客档案不仅在顾客关系管理，而且在企业面向顾客服务的各项工作中都具有广泛而重要的作用。

（3）对客户进行分类

在建立客户档案，并对客户进行调查分析的基础上，对客户进行分类。

一般的客户关系管理系统对客户的分类主要依据以下内容。

1）客户的信用状况

企业统计客户最近一年的付款情况是否及时，有否有拖延及拖延的天数与原因，然后根据这些因素来判定客户的级别。

2）客户的下单金额

企业统计近一年或者两年的客户下单金额，然后按照其下单量从大到小进行排列。下单量可以从下单的金额考核，也可以从下单的数量进行考核。

3）客户的发展前景

这主要针对新客户，企业通过考察、了解等手段，挖掘客户的潜在价值，然后人为地判断其重要性。新客户因为没有历史交易的情况，所以很难用具体的数据来支持企业的决策，只有通过主观的判断，才可以指定客户的优先级别。

4）客户对企业利润的贡献率

这种方法，不但从客户下单的金额考虑，还涉及其购买产品的成本与利润问题。统计一年客户的销售订单量及其购买产品的利润率问题，然后算出该客户给企业创造了多少利润，再以这个利润的大小进行优先级的排名。

综合加权以上几个指标都只是从一个方面进行衡量，不免有点偏颇。为此，现在很多企业都喜欢从多个角度来衡量客户的价值，把以上各个指标按一定的比例进行加权，如"客户的信用状况"占据10%，"客户的下单金额"占据30%，"客户对企业利润的贡献率"占据60%，以100分为基础，然后按分数从高到低进行排列，对客户进行分级。

据此我们可以把客户分为A、B、C三类：

A类客户：资信状况好，经营作风好，经济实力强，长期往来成交次数多，成交额较大，关系比较牢固的基本往来户。

B类客户：资信状况好，经济实力不太强，但也能进行一般的交易，完成一定购买额的一般往来户。

C类客户：资信状况一般，业务成交量较少，可作为普通联系户。

对于不同类别的客户，要采取不同的经营策略，优先与A类客户成交，在资源分配和定价上适当优惠；对B类客户要"保持"和"培养"；对C类客户则应积极争取，加强联系。

（4）保持与客户的联系

建立客户档案和客户分类的目的在于及时与客户联系，了解客户的要求，并对客户的要求做出答复。应经常查阅最近的客户档案，了解客户汽车配件的使用情况以及存在的问题。

与客户进行联系时应遵循以下准则：

- 了解客户的需求。应了解客户在汽车配件使用中的问题及客户需求。
- 专心听取客户的要求并做出答复。
- 多提问题，确保完全理解客户的要求。

2. 如何提高汽车零配件业客户满意度

（1）人员素质的提升

管理人员要提高自己的管理能力和执行能力。经销商的管理水平是逐层传递的，一个好的总经理，可以有效影响中层经理；一个好的中层经理，可以有效影响其管理的员工。前台服务人员要有较强的业务素质、专业知识、沟通技巧等，在工作过程中不断总结，按照客户的要求做好前台工作。维修人员要有较强的专业维修能力，能够较好地掌握维修技术，提高维修质量，减少返修比例。利用空余时间学习维修知识、阅读维修手册等，不断提高自己的专业技能。

（2）硬件水平的加强

经销商良好的硬件条件是必要的，如较好的店面形象、宽敞整洁的维修车间、先进的维修诊断设备、功能齐全的客户休息室等。只有硬件水平加强了才能更好地支撑服务工作。

（3）强化核心服务流程

对于厂家的核心服务流程，要严格按照服务流程的关键点和具体指导程序执行，而不是偷工减料、点到为止。核心服务流程是售后环节最为重要的，整个过程与客户接触的时间越多，客户的体会也就越多，客户是否满意完全取决于流程做得是否到位。

（4）合理的绩效考核制度

作为一家优秀的经销商，在客户满意度方面要制定一套合理的绩效考核制度，该制度针对所有与客户满意度有关的人员，这样有助于更好地开展提升客户满意度工作。合理的考核制度能保障和督促工作的顺利开展。汽车零配件售后服务提升客户满意度是一个长期的、系统的、复杂的马拉松过程，并不是一劳永逸的。经销商作为汽车零配件售后服务的前沿，要更好地稳固自己的售后服务产业，增强市场竞争力，使企业立于不败之地，就必须要提高客户满意度，创造忠诚客户、终身客户而不断努力，将提高客户满意度作为企业的第一目标而不断奋斗。

3. 人员与思想激励方面的提高

（1）服务理念的加强

有没有服务理念是能否做好服务工作的关键，首先应该从思想上树立服务意识，努力做到对每一个客户都认真负责。当客户到服务站时，送上热情而真诚的微笑；客户需要救急时，会在第一时间赶到现场为客户解决问题；当客户无法到服务站维修时，也会尽最大的便利去方便客户，解决问题。这就是做好优质服务的最好诠释。放低自己的姿态，站在客户的角度去考虑问题，想客户之所想，急客户之所急。

（2）做好客户回访工作

客户的回访工作是十分重要的一个环节。对于进站维修的顾客，一定要及时地做好回访工作，并且将回访的结果如实地记录下来，将回访中出现的问题及时解决并及时将处理意见反馈给客户，同时要杜绝同样的客户抱怨等再次出现。通过长期的回访积累，找出自身存在的问题，及时改进。

（3）数据的分析与运用

作为经销商，要学会应用第三方的客户满意度方面的调查数据。通过数据进行月度、季度、年度的分析来发现自己做得好的原因及做得差的原因，同时对于差的地方进行改善，制订详细的改善计划、措施、时间节点等。通过分析数据找出问题、解决问题，从而提升客户满意度。

4. 我国汽车售后服务的现状与分析

（1）售后服务理念淡薄

国外汽车售后服务企业的立足点是提高保质期限，保证正常使用期限，推行"保姆式"售后服务、品牌化售后服务，以"以人为本、顾客至上"等先进的售后服务理念为核心。而我国售后服务不注重提高服务的保质期限，只是承诺产品坏了保证修好，一次性服务思想过重。

（2）汽车配件质量难保证

只有保证产品的生产技术、质量，才能确保汽车的维修质量，稳定其使用的安全系数，也使服务质量和顾客的维修成本得到了双重保证，增加客户对产品和服务的满意度和信赖度，提升企业自身的品牌形象。目前，我国配件比较突出的问题是"劣质件"。

（3）收费项目不明确

估算维修费用及工期是一个十分敏感的问题，稍有不慎，就有可能影响顾客满意度。配件价格高、工时费不合理是导致维修保养费用过高的主要原因，很多服务站通过推荐不必要的服务项目，变相增加客户负担，所以服务站要根据自己的实际情况适时降低配件价格和工时费。

（4）服务便利性差

接车区设施较差，雨雪等恶劣天气会给客户带来很多不便，客户休息区设施过于简陋，让客户等待过程中的很多需求无法得到满足。

（5）客户满意度低

回访电话的实施率不高，一些客户得不到及时的保养提醒，同一个问题老是修不好，零配件的价格太贵，服务站不能按时交车，涉及的保修问题没有跟客户解释清楚，派工效率过低，维修更换的零配件本身有缺陷，维修质量很让人怀疑，有些服务人员的服务态度让客户觉得很不满意，这些都是导致满意度低的因素。

三、对销售人员的要求

1. 良好的职业道德

（1）职业道德的概念

职业道德是指从事一定职业的人们，在其履行职业职责的过程中应遵循的特定的职业思想、行为准则和规范，是与之相适应的道德观念、道德意识、道德活动的总和，是一般社会道德在特定的职业活动中的体现。

汽车营销的从业人员必须保持良好的职业道德。良好的职业道德是建立市场经济的前提。不正当的商业行为，往往破坏市场机制的调节作用，对市场经济的良性运行造成致命危害。

（2）职业守则

1）爱岗敬业

爱岗敬业是从业人员做好本职工作所应具备的基本的思想品格，是产生乐业的思想动力。爱岗就是热爱本职工作，敬业就是要用一种恭敬严肃的态度对待自己的工作，提倡"干一行、爱一行、专一行"。

2）诚实守信

诚实守信是为人之本、从业之要。诚信是市场经济的基本规则，是我们为人处世的根本要求。一个人在成就事业的职业活动中，诚信同样是至关重要的从业品质。

3）遵纪守法

遵纪守法是汽车营销人员正常进行营销活动的重要保证。汽车营销人员必须遵守职业纪律和相关的法律、法规和政策，遵守职业道德。首先要学习相关的知识，提高对法律、政策的领会能力，并运用法律武器和政策精神维护自身的利益。

4）办事公道

办事公道是指人们在处理问题时，特别是在销售抢手汽车时，绝不因人而异亲疏有别，更不能趋附权势，应站在公正的立场，秉公办事、一视同仁。这是汽车配件营销人员开展活动的根本要求。

5）团结互助

团结互助是处理汽车营销从业者之间和集体之间的重要的道德规范。它要求从业人员顾全大局，互相配合；以诚相待，互相尊重；谦虚谨慎，互相学习，互相帮助。搞好同事之间、部门之间的团结协作，以实现共同发展。

2. 懂得基本的社交礼仪

（1）仪表礼仪

在与客户见面之初，对方首先看到的是你的仪表，如容貌和衣着，要给人一个良好的第一印象，就必须从最基本的打扮来体现。合体的服装、干净整洁的头发、微笑大方的面容可使男营销员显得潇洒、女营销员更加秀美，如图5-1所示。

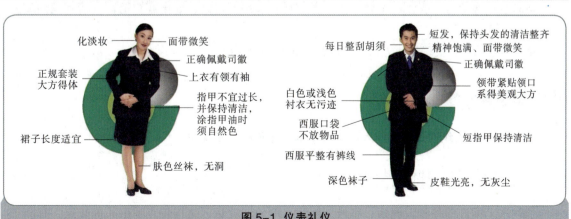

图5-1 仪表礼仪

（2）介绍礼仪

为他人做介绍时，应先向身份高者介绍身份低者，先向年长者介绍年幼者，先向女士介绍男士。当双方年龄相当、地位相当，又是同性时，可先向先到场者介绍后到者。

（3）握手礼仪

与客户握手时，要主动热情、面带微笑，双目注视客户，切不可斜视或低着头。可根据场合，一边握手，一边寒暄致意，如"您好""欢迎光临"等。对年长者或有身份的客户，应双手握住对方的手，稍稍欠身，以表敬意。一般情况下，握手要用右手，握手时不要用力过猛。几个人同时握手时，注意不要交叉，应等别人握完手后再伸手。握手时必须是上下摆动，而不能左右摇动。

（4）名片使用礼仪

在和客户交谈时，如初次见到客户，首先要亲切地打招呼，并报上自己公司的名称，然后双手将名片递给对方。名片应从上衣口袋或手提包内掏出，递名片时，名片的正面应对着对方，名字要向着客户，让客户易于接受。

客户回递名片时，最好是双手去接，并点头致谢。这时不要立即收起来，也不要随意玩弄和摆放，而是认真阅读，要注意对方的姓名、单位、职务或职称，并轻读以示敬重，对没有把握念对的文字，可以请教对方。然后，将名片放入自己上衣口袋或手提包。

（5）电话礼仪

● 通电话时要使用礼貌用语，如"您好""请""谢谢""麻烦您"等。

● 电话铃响接听，第一句话是："您好"。超过四遍才接，就要向对方说："对不起，让您久等了"，这是礼貌的表示，可消除对方久等铃响的不快。

● 讲话时要简洁、明了。

● 注意听取时间、地点、事由和数字等重要词语。

● 注意讲话语速不宜过快。

● 和客户通话时，要注意不要和他人再说话，如果不得已，要向客户道歉，请其稍候或者过一会再与客户通话。

● 接完电话后，要确定对方已挂上电话，再轻轻挂断电话。

3. 掌握业务知识

汽车配件营销工作性强，从业人员要懂技术、懂营销、懂管理。

（1）熟悉汽车配件使用技术

了解汽车配件的品种、规格、型号、用途、产地、质量、结构特点、产品优缺点，有利于帮助顾客根据需要进行挑选，当好顾客的"参谋"，并及时回答顾客提出的各种问题，消除顾客的各种疑虑，能使交易顺利进行。

（2）熟悉市场

了解市场行情、价格、费用（利息、仓储费、运输费等）、税收、购置费、付款方式等一系列业务政策的规定以及市场营销基本知识，以便达成交易或实施管理。

（3）熟悉汽车配件销售工作

熟悉汽车配件销售工作程序中的每个工作环节，如进货、验收、运输、存车、定价、广告促销、销售、售后服务、信息反馈等，以及在洽谈基础上签订合同、开票出库等手续，并熟悉售后服务（加油、办移动证或临时牌照、工商验证等）各个环节。

（4）熟悉交易手续及核算方法

交易的最后手续是结算，要求准确、迅速地做到收付两清，对涉及汽车货物的进、销、存，涉及货款的贷、收、付以及费用中包括的进货费、利息、洽谈费、差旅费等各种消耗都要清楚，做到心中有数；只有懂得承包部门的经济核算，才能随时了解本部门的经济效益，及时采取措施和对策，确保营销任务的完成。

4. 具有商业公关的能力

（1）熟悉顾客的心理

由于顾客的职业、社会地位、年龄、习惯、爱好不同，因此不同顾客对汽车有不同的需求。营销人员要有一定的销售心理学知识，能根据客户挑选商品时的外表神态、言谈举止来分析判定不同顾客的特殊心理活动。顾客有慢性的、急性的、敏感性的，要善于分析顾客的心理，根据不同情况接待顾客，促使交易顺利进行。

（2）掌握营销沟通技能

沟通的目的在于有效地传递汽车产品知识。
营销沟通时要注意三个问题：
● 良好的表达，能够准确地传递产品知识。学会赞美顾客，销售的目的在于为顾客解决问题，赞美比争辩更有利于获得信任。
● 销售的过程就是了解顾客需求的过程，倾听和发问的技巧比良好的口才更重要。
● 要学会让顾客讲话，在沟通过程中要掌握两个原则，一是要真诚，二是要有事实依据，不能在赞扬顾客的时候言之无据。

四、营销人员的职能

（1）搜集市场情报

专业销售人员是推广商品的第一线尖兵，直接接触消费者，通过观察、访问以及了解消费者反映的产品和服务是否受欢迎，也可以了解到其他竞争产品的情形。

（2）传播信息

在销售产品的过程中，把公司的情况告知客户，把客户对公司及产品的意见或建议向公司反映。

（3）商品的销售

不管是直接或是间接的销售，都是销售商品的重要途径。

（4）开发新的市场

为了企业生存发展，必须不断地发掘新客户。

（5）收取贷款或催收分期付款

及时收取贷款或催收分期付款是销售任务的重要环节。

（6）了解顾客的信用状态

靠专业推销人员的判断能力，明察暗访，减少坏账与呆账。

（7）树立公司良好的形象

实地了解公司产品市场占有率，公司产品的定位与定价是否得当，对客户提供最佳服务，建立良好的人际关系，赢得客户的信任与社区的尊敬，树立公司良好的形象。

任务二　汽车配件产品的销售方式

一、汽车配件的销售渠道概述

1. 汽车零部件销售渠道的概念

汽车零部件产品分销渠道是指汽车零部件产品的所有权从生产企业手中转移至用户手中所经过的途径或通道。

这个过程所经过的途径有直接的，也有间接的，是构成汽车零部件生产企业和用户之间关系的桥梁和纽带。

汽车零部件产品分销渠道有以下三层含义：

- 汽车零部件产品分销渠道是指汽车零部件流通的全过程。它的起点是汽车零部件的生产企业，终点是汽车零部件用户。
- 汽车零部件产品分销渠道是汽车零部件产品价值的实现过程。该过程伴随着物流、资金流、信息流，以产权交易为前提，通过货币形式完成其价值形态的变化。
- 汽车零部件产品分销渠道的主体是中介机构。这些中介机构包括中间商（总经销商、分销商、经销商）、代理商。

2. 汽车零部件产品销售渠道的主要参数

（1）分销渠道的层次

汽车零部件层次是指在汽车零部件产品从生产企业转移到消费者的过程中，对产品拥有所有权或负有销售权利的机构的层次数目。

零层渠道，也叫直接渠道：汽车零部件的OEM市场和电子商务中的BTOC就属于零层渠道。

多层渠道，也叫间接渠道：一阶、二阶和三阶渠道。汽车零部件的售后配件市场属于多层渠道。

（2）分销渠道的长度

分销渠道的长度是指在汽车零部件产品从生产企业流向最终用户的整个过程中，所经过的中间层次的层次数或环节数。

中间层次越多，渠道的长度越长；反之，则越短。

（3）分销渠道的宽度

分销渠道宽度取决于渠道的每一个层次（购销环节）参与中间商的数量。若制造商选择较多的同类型中间商（如多家批发商或多家零售商）经销产品，则这种产品分销渠道称为宽渠道；反之，为窄渠道。

汽车零部件中的通用件、易损件、易耗件一般是宽渠道，便于消费者购买，也利于厂家的市场覆盖；而专用件、系统部件则采用窄渠道，以减少流通环节成本，保证其产品的专业性。

3. 汽车零部件销售渠道的功能

（1）流通功能

流通包括批发、销售、运输、储运，同时伴随信息流和资金流的传递。

（2）销售功能

销售实现产权转移，是生产厂家的重要资源，帮助厂家进行产品的宣传和促销，收集用户的需求和市场信息。

（3）创利功能

创利功能：一是使产品增值的作用，销售数量、信誉、价格上都会有良好的业绩，实现双赢；二是降低销售成本，加速产品流通的速度，减少流通环节的消耗，还有融资功能。

（4）便利功能

生产厂家减少了流通领域的投入，承担售后服务工作，给消费者带来极大的方便，节省用户采购的时间和精力。

二、汽车配件的销售方式

1. 汽车零部件人员销售策略

（1）面向主机厂的销售策略

①了解汽车生产企业的有关情况

企业的有关情况包括生产规模、产品结构、产品特点、组织机构、采购流程、企业文化等。以合适的产品、合适的价格向合适的人推销。

②准确介绍本公司的产品特点

企业的产品特点也是本企业产品的卖点,将本企业的产品特点与主要竞争对手的产品特点进行客观对比分析,使客户了解使用该产品可以获得的效益。

(2)面向汽车零部件经销商的销售策略

- 了解中间商的类型、业务特点、经营规模、经济实力及在分销渠道中的地位。
- 寻找经销商的利益诉求点,如盈利、品牌、长期合作等。
- 向中间商提供有关信息,给经销商提供相关的帮助和支持,与经销商建立长期友好的合作关系。

(3)面向普通消费者的推销策略

- 了解消费者的购买偏好、购买能力、使用习惯和利益诉求等。
- 推销的方法主要以服务人员推销、经销商和零售商推销为主。

2. 汽车零部件人员销售方式

(1)寻找新客户

从营销的角度看,新客户是指那些具有购买能力、能决策的潜在需求者。要想获得推销的成功,寻找新客户是第一步。

(2)接近客户

寻找到新客户以后,接下来的任务就是接近客户,获得客户的好感,以便进一步实施产品推销。要想接近客户,首先必须做好接近客户的准备工作,这些准备工作主要包括调查客户情况、了解企业及其产品的最新情况等,做到知己知彼。

"销售从被拒绝开始",丰田汽车公司销售人员手册中雷塔曼的这句名言告诉我们,让客户接受推销人员是最终能够达成交易的开始。所以,给客户留下良好印象是格外重要的。为了给客户留下良好印象,推销人员必须通过自己良好的衣着、言谈和举止,让客户感到诚实可信、礼貌大方,并愿意继续交谈和交往。在这一过程中,推销人员一定要注意交往技巧。

(3)说服客户

在买方市场下,要想说服客户,达成交易的确不是一件易事。因此,说服客户就成了推销的关键环节之一。常用的说服方法有提示说服法和演示说服法两种。提示说服法就是通过直接或间接、积极或消极的提示,激发起客户购买的欲望,由此促使客户做出购买选择,如进行获益分析等。演示说服法是通过产品的文字、图片、影视、音响、证明等资料去引导客户做出购买决策，如汽车配件公司为推销人员特制的样品目录、彩色样本以及各种文字资料等。

在说服过程中应注意认真听取并分析客户的意见，找出问题的关键点和客户的真实目的，做出针对性的反应。要做到事实充分、证据有力、态度诚恳、不卑不亢，切忌与客服发生冲突。

3. 汽车零部件销售人员的管理

（1）销售人员的选拔

选拔项目：知识结构、个人能力、敬业精神、形象、忠诚度。
选拔的途径：公司内部选拔，外部招聘。

（2）培训

培训内容：企业的文化及制度知识，本企业的产品知识及竞争对手的产品知识，市场相关知识，推销相关技艺，心理学知识以及政策法规的相关知识等。
培训方式：理论讲授，模拟训练，实践锻炼。

（3）考核

考核项目：销售业绩、顾客评价、同事评价等。
考核方法：360度考核、KPI考核等方式。

（4）动态更新

鼓励竞争，末位淘汰，定期更新，保持团队良好的工作业绩。

任务三 汽车配件目标市场营销

汽车配件企业面对的是一个非常复杂的市场，不同的消费者需要不同的汽车商品和服务，一个企业不可能同时满足所有顾客的需求。因此，汽车配件企业在分析市场营销环境的基础上，实行市场细分、目标市场营销、市场定位策略，是决定企业成败的关键。营销学界以此作为现代营销战略的核心。它由以下三部分内容构成：一是细分市场，这是企业根据顾客所需求的产品和市场营销组合，将一个市场分为若干个不同的顾客群体的行为；二是选择目标市场，这是企业在市场细分的基础上，根据企业实力和目标，判断和选定要进入的一个或多个市场的行为；三是市场定位，这是在目标市场上为产品和市场营销组合确定一个富有竞争优势地位的行为。

一、汽车配件市场细分

1. 汽车配件市场细分的概念

汽车配件市场细分，是指在调查研究的基础上，根据用户的需求以及不同的购买行为与购买习惯等各种差异，把市场划分为若干有意义的、不同类型的用户群，每个用户群是一个细分市场。在各个不同的细分市场之间，用户的需求存在比较明显的差异；而在每个细分市场之内，用户需求的差别就比较细致。企业根据本身的条件，选择适合的细分市场，拟订自己最优的经营方案和策略。

市场之所以能够细分，是有其客观基础的。这些基础主要体现在以下两个方面：

● 市场需求客观上具有差异性，购买动机和购买行为也具有差异性。可以说，正是由于这种差异性的存在，市场细分才有划分的标准。

● 市场需求还具有一定的相似性。如果用户的需要没有某种共性，那么市场细分就无从做起，企业不可能将每一个用户都作为一个细分市场。正是这种需要存在共性，市场细分才有实际的营销意义。

2. 汽车配件市场细分的含义和作用

（1）含义

汽车配件市场细分，是指在调查研究的基础上，根据用户的需要以及不同的购买行为与购买习惯等，把市场划分成若干有意义的用户群。

（2）作用

市场细分可以为企业认识市场、研究市场和选定目标市场提供依据。因此，市场细分对于汽车企业市场经营实践具有重要作用，具体体现在以下几个方面。
- 细分市场是企业发现市场机会的起点。
- 细分市场有助于掌握目标市场的特点和利用市场营销机会。
- 细分市场是企业制定市场营销组合策略的前提条件。
- 细分市场有利于提高企业的竞争能力。

3. 汽车配件市场细分标准

（1）消费者市场细分标准

- 地理变数：地理区域、人口密度。
- 人口变数：年龄、性别、民族、文化程度、职业、家庭经济收入、人员组成等。
- 心理变数：购买动机、购买状态、购买频率、对价格的敏感程度、对服务的敏感程度、对品牌的信任程度。

（2）产业市场细分标准

为了使细分市场有效和富有意义，营销人员在进行市场细分时必须把握好一定的标准。这些标准包括以下六项。

1）差异性

差异性是指按照所选择的划分原则，各细分市场客观上必须存在明确的差异。如果细分后各市场之间仍模糊不清，则这样的市场细分就是失败的。

2）可衡量性

可衡量性是指细分市场现有的和潜在的需求规模或购买力是可以测量的。如果细分的结果导致市场容量难以评估，则这样的市场细分也是失败的。

3）可盈利性

可盈利性是指企业在细分市场上要能够获取期望的盈利。如果容量太小，销售量有限，则这样的细分市场对企业就缺乏吸引力。因此，市场细分并不是越细越好，而应科学归类，保持足够容量，使企业有利可图。

4）可进入性

可进入性是指企业对那些拟作为自己目标市场的细分市场必须有能力进入，能够为之服务，并能占有一定的份额；否则，细分的结果导致企业不能在任何细分市场上有所作为，这样的市场细分当然也是失败的。

5）相对稳定性

相对稳定性是指细分市场必须具有一定的稳定性，否则，企业还未实施其销售方案，目标市场早已面目全非，这样的市场细分同样也是失败的。

6）独特性

企业进行市场细分时，应尽可能地区别于已有的或竞争对手的市场细分，突出自己的彩色和个性，以便发现更多的有价值的市场机会。这涉及市场细分变量的选择问题。通常，可供选择的变量很多，但其中有一些变量是人们习惯使用的，人们进行市场分析时，思维上容易受到它们的约束，往往细分不出特点，这无疑会影响企业市场机会的发现和把握。有效的市场细分必须突出本企业的特色，因为只有这样才可以在以后的营销活动中另辟蹊径，出奇制胜。

4. 汽车配件市场细分时应注意的问题

市场细分不能只鼓励根据某一标准，而必须综合考虑各种因素来进行；对市场细分要树立动态观点；防止市场过分细化，从而增大成本。

二、目标市场营销

1. 目标市场选择的类型

对细分市场评估后，就要对细分市场服务做出决策，确定企业的目标市场。选择和确定目标市场范围，一般有五种类型。

（1）企业能力

企业能力是指企业在生产、技术销售和管理等方面力量的总和。如果企业资金雄厚，且市场营销能力较强，即可选择差异性目标市场营销策略或无差异性目标市场营销策略；反之，如果企业能力有限，无力兼顾整体市场，则宜选择集中性目标市场营销策略。

（2）产品特征

对于一些类似性很强的产品以及不同工厂或地区生产的品种，质量方面相差较小的产品，宜采用无差异性目标市场营销策略。而对消费者要求差别很大的产品，宜采用差异性目标市场营销或集中性目标市场营销策略。大多数汽车配件都属于消费者要求差别大的产品，适合使用差异性目标市场营销策略。

(3) 产品所处的寿命周期阶段

新的汽车配件产品上市时，往往以较单一的产品探测市场需求，由于品种单一，因此产品价格和销售渠道基本上也相同。所以，新产品在引入阶段可采用无差异性目标市场营销策略。而待产品进入成长、成熟阶段，随着市场竞争加剧，同类产品增加，再用无差异经营就难以奏效。所以，成长阶段改为差异性或集中性目标市场营销策略效果更好。

(4) 市场的类似性

如果顾客的需求、偏好较为接近，对市场营销刺激的反应差异不大，则可采用无差异性目标市场营销策略；否则，应采用差异性或集中性目标市场营销策略。对于汽车配件厂商来说，顾客需求的差异性一般较大，因此企业应该采取后两种市场营销策略。

(5) 竞争对手的策略

如果竞争对手采用无差异性目标市场营销策略，汽车配件企业宜选择差异性或集中性目标市场营销策略，这样有利于开拓市场，提高产品竞争能力。如果竞争者已采用差异性目标市场营销策略，则不应以无差异性目标市场营销策略与其竞争，可以选择的对策是进行更深层次的细分或集中性营销策略。

2. 目标市场策略的类型

随着经济发展和买方市场的全面形成，市场竞争日趋激烈，有利可图的市场机会越来越少。在这种情况下，企业必须实行目标市场营销，这是现代企业市场营销的重大战略。

(1) 无差异性目标市场营销策略

实行无差异性目标市场营销战略的企业把整体市场看作一个大的目标市场，不进行细分，用一种产品、统一的市场营销组合对待整体市场。采用无差异性目标市场营销战略的最大优点是经济性，大批量的生产销售必然降低单位产品的成本，无差异的广告宣传也可以减少促销费用。不进行市场细分，也相应减少了市场调研、产品研制与开发以及制定多种市场营销战略、战术方案等带来的成本开支。然而，无差异性目标市场营销完全忽略了市场需求的差异性，将顾客视为完全相同的群体，这样就很难满足顾客的需求，从而导致顾客的流失。

优点：产品平均成本低，有利于标准化和大规模生产，节约调研和推广成本。

缺点：不能满足不同消费者的需求，难以适应市场的变化。

（2）差异性目标市场营销策略

采用差异性目标市场营销战略的企业，通常是把整体市场划分为若干个需求与愿望大致相同的细分市场，然后根据企业的资源及营销实力选择不同数目的细分市场作为目标市场，并为所选择的各目标市场制定不同的市场营销组合策略，有时甚至设计不同的产品来满足不同目标市场的不同需求。当一个企业采取差异性目标市场营销战略，并在数个或更多细分市场上取得良好的营销效益时，就能够树立起良好的市场形象，吸引更多的购买者和潜在购买者。采用差异性目标市场营销战略的最大长处，是可以有针对性地满足具有不同特征的顾客群的需求，提高产品的竞争能力。但是，差异性目标市场营销战略也不是完美无缺的。由于产品品种、销售渠道和广告宣传的扩大化与多样化，市场营销费用大幅度增加。

优点：批量小，品种多，机动灵活，针对性强。

缺点：产品类型和市场营销组合的多样化，使得企业的产品平均成本偏高。

（3）集中性目标市场营销策略

前面两种战略都是以整个市场为目标，而集中性目标市场营销战略则是选择一个或少数几个子市场为目标。其实对汽车行业的中小企业而言，集中性市场营销战略是更好的选择。它强调不能把力量平分于每个市场，而是要把企业资源及人力、财力、物力集中在一个或几个小型市场。采取这个战略的企业不求在一个较大的市场上得到一个较小的市场份额，而要求在一个较小的市场上得到较大的市场占有率，甚至是支配性的比率。这种战略，有人把它称为"弥隙"战略，即弥补市场空隙的意思，它一般适合资源薄弱的中小型汽车企业。

优点：提供较佳的产品和服务，便于提高产品和企业的知名度、信誉度。

缺点：容易受到市场需求的影响，风险性高。

3. 企业市场定位的策略

企业在选定目标市场之后，必须在选定的目标市场上进行市场定位，目的是使企业及其产品与竞争对手区别开来，以形成企业独特的形象。

作用：有助于企业明确市场营销组合的目标；有利于建立企业及其产品的市场特色。

（1）市场定位的概念与战略

汽车配件产品在市场上不仅品牌繁多，而且各有特色，广大用户又都有着自己的价值取向和认同标准，企业要想在目标市场上取得竞争优势和取得更大效益，就必须在充分了解用户和竞争者两方面情况的基础上，确定本企业的市场位置，即为企业树立形象，为产品及服务赋予特色，这个过程就是市场定位。

（2）汽车配件市场定位的依据

市场定位可以从不同的角度来进行，以形成自己的竞争优势，包括以下几个方面。

● 根据具体产品的档次定位。

- ●根据特定的使用场合及用途定位。
- ●根据竞争者的需要定位。
- ·定位于与其相似的另一种类型的竞争者或产品的档次,以便与之相对比。
- ·定位于与竞争直接有关的不同属性或利益。

(3) 市场定位的步骤

企业的市场定位一般应参照以下工作程序进行。

1) 调查研究影响定位的因素

调查内容主要包括:竞争者的定位状况,即企业要对竞争者的定位状况进行确认,并要正确衡量竞争者的潜力,判断其有无潜在的竞争优势;目标用户对产品的评价标准,搞清楚用户最关心的问题,并以此作为定位策略的依据。

2) 选择竞争优势和定位战略

企业通过竞争者在产品、促销、成本、服务等方面的对比分析,了解自己的长处和短处,从而认定自己的竞争优势,进行恰当的市场定位。

3) 准确地传播企业的定位观念

在做出市场定位决策后,还必须大力宣传,把企业的定位观念准确地传播给潜在用户。但要避免因宣传不当在公众心目中造成的三种误解:其一,档次过低,不能显示出企业的特色,例如面向社会集团销售的汽车配件就应避免给人档次过低的印象;其二,档次过高,例如面向出租行业销售的汽车配件就不应给人以档次过高的印象;其三,混淆不清,在公众心目中没有统一明确的认识。上述误解将给企业形象和经营效果造成不利影响。

任务四　汽车配件促销策略

促销是现代汽车配件企业市场营销的重要组成部分。汽车企业运用促销组合策略来实现与汽车配件用户的信息沟通，促销运用是否得当，对企业长期稳定地发展和渡过难关有着重要意义。因此，汽车配件企业不仅需要生产适销对路的汽车配件产品，使目标市场的顾客易于获得他们所需要的汽车配件产品，还要采用各种促销方式，开展一系列的促销活动，激发消费者的购买欲望，实现汽车配件产品的销售，满足顾客的需求。

一、促销策略概述

1. 促销的含义

从市场营销的角度看，促销是企业通过人员和非人员的方式，沟通企业与消费者之间的信息，引发、刺激消费者的消费欲望和兴趣，使其产生购买行为的活动。因此，促销的实质是传播与沟通信息，其目的是促进销售，提高企业的市场占有率及增加企业的收益。

2. 促销的作用

（1）提供信息

通过促销宣传，可以使用户知道企业生产经营什么样的产品，有什么特点，到什么地方购买，购买的条件是什么等，从而引起用户的注意，激发并强化购买欲望，为实现和扩大销售做好舆论准备。

（2）突出产品特点和提高竞争能力

在同类产品中，有些商品差别细微，而通过促销活动能够宣传突出企业产品的特点，从而激发了潜在的需求，提高了企业和产品的竞争力。

（3）强化企业的形象和巩固市场地位

恰当的促销活动可以树立良好的企业形象和商品形象，能使用户对企业及其产品产生好感，从而培养和提高用户的忠诚度，形成稳定的用户群，不断巩固和扩大市场占有率。

（4）刺激需求和开拓市场

这种作用尤其对企业新产品推向市场，效果更为明显。企业通过促销活动诱导需求，有利于新产品打入市场和建立声誉。促销也有利于培育潜在需要，为企业挖掘潜在市场提供了可能性。

二、广告促销

1. 概述

从市场营销角度看，广告是指广告主以支付费用方式，通过各种传播媒体向目标市场传播商品或劳务信息，并说服其购买的经济活动。广告是汽车企业用以对目标消费者和公众进行说服性传播的工具之一。汽车配件产品广告要体现汽车企业的形象，从而吸引、刺激、诱导消费者购买该汽车配件。

广告是汽车企业促销组合运用中十分重要的组成部分，是运用最为广泛和最为有效的促销手段。广告的主要作用是传播信息、沟通产需、刺激需求、促进销售、改善服务、加强竞争、介绍知识、指导消费、提高信誉、促进联系；对消费者的消费观念、消费心理、消费结构、消费行为等都有着重要的影响。

2. 广告媒体的选择

广告要传达某种信息，但信息又必须以某种载体为依托才可以传达出去。传播广告信息的载体即广告媒体。广告媒体的经典形式有五类，即电视、广播、报纸、杂志和互联网。而辅助媒体更多，达数百种，例如广告牌、印刷品、公共汽车、流动广告车、霓虹灯、邮寄广告、商品包装物、录像带，甚至人们穿戴的衣服、鞋帽等都是广告媒体形式。广告无孔不入，可以说广告已存在于社会的每个角落。而且，随着现代科学技术的发展，广告媒体仍在不断增加，如近年来出现的移动互联网媒体等。根据各种媒体客观存在的优缺点，在选择时应着重考虑以下因素。

（1）产品的性质

对汽车配件产品来说，电视和印刷精美的杂志在形象化和色彩方面十分有效，因而是最好的媒体。高科技性能的机械电子产品，如用样本做广告，则可详细说明其性能，效果也较好。

（2）目标消费者接受媒体的习惯

不同媒体可将广告传播到不同的市场，而不同的消费者对杂志、报纸、广播、电视等媒体有不同的阅读、收视习惯和偏好。广告媒体的选择要以消费者的这些习惯和偏好为依据才能成功，如购买跑车配件的消费者大多数是中青年的成功人士，所以互联网和移动互联网就是跑车配件的最有效的广告媒体。

（3）传播信息类型

例如，宣传明日的购销活动，必须在互联网或移动互联网上做广告；而如果广告信息中有大量的科技资料，则需在专业杂志上做广告。一般情况下，汽车配件产品的针对性强，因此比较适合在专业杂志和报纸上做广告，能直接面向特定的消费者，有助于用较低的预算实现预期目标。

（4）媒体的成本

广告活动应考虑企业的经济负担能力，力求在一定的预算条件下，达到一定的覆盖、冲击与持续的目的。电视是最昂贵的媒体，而互联网及移动互联网便宜并传播面更广。不过，最重要的不是绝对成本数字的差异，而是目标沟通对象的人数构成与成本之间的相对关系。

企业需要对广告效果进行评估，评估的内容很多，但主要应抓住两个方面：一是信息传递效果；二是促进销售效果。

三、人员促销

人员促销是指企业的推销员直接与顾客或潜在顾客接触、洽谈、介绍产品，以达到促进销售的活动过程。不难看出，人员促销是销售人员帮助和说服购买者购买某种产品或服务的过程。在这一过程中，销售人员要确认，并通过自己的努力去吸引和满足购买者的各种需求，使双方能从公平交易中获得各自的利益。同非人员促销相比，人员促销的最大特点是具有直接性。

人员促销的主要形式有以下几种。

1. 上门推销

上门推销是指由汽车推销人员携带汽车产品的说明书、广告传单和订单等走访顾客，推销产品。这种形式是一种积极主动的、名副其实的、"正宗"的推销形式。

2. 柜台推销

柜台推销也称为门市推销，是指汽车企业在适当地点设置固定的门市、专卖店等，由营业员接待进入门市的顾客，推销产品。门市的营业员是广义的推销员。柜台推销与上门推销正好相反，是等客上门式的推销方式。

3. 会议推销

会议推销指的是利用各种会议向与会人员宣传和介绍产品，开展推销活动。比如，在订货会、交易会、展览会上推销产品。这种推销形式接触面广，推销集中，可以同时向多个推销对象推销产品，成交额较大，推销效果较好。近年来国内各大城市竞相推出的汽车博览会就属于这种推销方式。汽车博览会不仅是推销汽车的极好形式，而且已成为各大城市提高城市知名度、带动消费和吸引商机的极好形式。

四、销售促进

销售促进,也称为营业推广,是企业为刺激早期需求而采取的能够迅速扩大商品销售的促销措施。美国市场营销协会的定义为"那些不同于人员推销、广告和公共关系的销售活动,它存在激发消费者购买和促进经销商的效率,诸如陈列、展览、表演和许多非常规的非经常性的销售尝试"。其最大的作用就是通过某些营业进行营销刺激,以极强的诱惑力使对方、中间商或消费者迅速做出购买决策,产生即时购买效应。销售促进有以下几种方式。

1. 对消费者市场的销售促进

(1)分期付款

由于汽车价格一般比较高,有些消费者较难接受一次性付款,因此世界各汽车公司都有分期付款业务。如日本丰田公司有 2/3 的新车销售由汽车生产企业提供分期付款金融借贷服务。对价格较高的配件可以考虑分期付款的销售促进方式。

(2)租赁销售

租赁销售是指承租方向出租方定期交纳一定的租金,以获得商品使用权的一种消费方式。汽车专业租赁公司,是继出租用车市场后又一大主体市场,是汽车生产企业长期、稳定的用户之一。租赁销售是刺激潜在需求向现实需求转化的有效手段。

汽车配件也可以采用租赁销售的销售促进方式。

(3)置换业务

汽车置换业务包括汽车以旧换新、二手汽车整新跟踪服务、二手汽车再销售等的一系列业务组合。汽车置换业务已成为全球流行的销售方式。置换业务的投资回报很快,还可使企业在税负方面享有实惠。汽车配件可以开展以旧换新的置换业务,促进销售,增加利润。

(4)赠品

购买汽车配件附带赠送某些礼品,如印有产品标识的日常用品、打火机、手表、真皮笔记本、夹克衫、伞、烟灰缸等小型纪念品,不同年限、不同里程的维修卡,不同价值的保险费(如第三者责任险),汽车销售还可以免费代办汽车牌照、赠送计算器和免费汽车维修卡等。一般的小礼品可以提高消费者满意度,在一定程度上刺激消费者的购买欲望。

2. 对经销商的销售促进

（1）价格折扣

对经销商按购买数量给予低于定价的直接折扣，增加其进货的数量；如果经销商提前付款，还可以给予一定的现金折扣等，从而刺激其销售的积极性。

（2）折让

汽车生产企业的折让用以作为经销商宣传其产品特点的补偿。广告折让用以补偿为该产品做广告宣传的经销商；陈列折让用以补偿对该产品进行特别陈列的经销商。

例如，一汽大众对其产品的专营公司免费提供广告宣传资料，以成本价提供工作用车、优先培训等。汽车配件营销除借鉴汽车企业的折让方式外，应对老款汽车的汽车配件、配件存货等实行品种折让。

（3）免费商品

对销售特定汽车配件或销售达到一定数量的经销商，额外赠送一定数量的汽车配件产品，也可赠送促销资金，如现金或礼品等。

五、企业文化与公共关系

公共关系促销是指企业在从事市场营销活动中正确建立企业与社会公众的关系，以便树立良好的形象，从而促进产品销售的一种活动。它不以短期促销效果为目标，通过公共关系使公众对企业及其产品产生好感，树立良好的企业形象，并以此来激发消费者的需求。

现代企业公关活动的开展可谓丰富多彩，常见的公关活动促销方法如下。

1. 新闻发布会

当企业在技术上有重大突破，或有新产品问世等有重大事件想把信息传递给外界时，企业会举办新闻发布会。

2. 研讨会

工业企业可以把用户请来召开一些与自己产品应用相关的研讨会，一般把会议地址定在有纪念意义的地方或旅游胜地。通过研讨会传达企业信息，加强与用户的联系，树立行业领导者形象并合理合法地回馈用户，比如满足用户旅游的需要。

3. 交流会

把使用者召集在一起，通过交流或竞赛等方式使使用者更好地掌握使用技术，借此达到拉近关系，树立形象，回馈用户的目的。

4. 展览会

企业参加行业协会等举办的展览会。企业参加展会要对举办展会的单位实力进行评估，选择有实力的、信誉好的展会。

5. 企业峰会

企业通过发起企业峰会，引起人们瞩目，树立企业形象。通过企业峰会，行业领导者可以强化领导者形象，而行业追随者可以建立与行业领导者平起平坐的形象。

6. 行业宣言

企业通过发起行业宣言，引起公众瞩目，树立美好形象。

7. 顾问用户

公司聘请对企业发展影响力大的用户为自己的顾问，借此树立以用户为中心的企业形象，拉近与用户的关系，同时得到必要的支持。

8. 创造新闻

企业策划创造有利于企业，与公司产品、人物相关的新闻。这要求公关人员不仅要有创造新闻的技巧，而且要和新闻媒体建立良好的关系。

9. 公众服务活动

企业通过做公益事业树立企业美好的形象，增强人们对公司的好感。

10. 服务巡礼

通过服务巡礼，企业可以树立重视服务的形象，比如可在某一重点地区展开阳光服务月活动。

11. 拜年活动

企业通过邮寄贺卡的方式表达问候，利用春节走访用户，开展拜年服务月活动，使用户过个放心年。

六、汽车配件销售技巧

1. 了解客户心理

客户心理是指客户在成交过程中发生的一系列极其复杂、极其微妙的心理活动，包括客户对商品成交的数量、价格等问题的一些想法。它可以决定成交的数量甚至销售的成败。因此，汽车配件销售员对客户的心理必须进行认真的分析。

客户购买配件的心理活动分为产生动机、寻找商品、要求挑选、决心购买、买后感受五个阶段。从客户进入店面走近柜台的行动、寻找商品的神态中正确判断他们的来意，不管销售员判断出来的是真正购买配件还是只为了解价格，都应当做到先打招呼、热情接待；然后观察客户的购买行为，从他的行动和表情中分析客户的心理活动，判断客户的购买动机，进一步判断出客户的企业类型、购买能力如何；当客户购买完配件之后，还要观察、分析客户买后的心理活动和感受，了解客户的满意度，做好今后服务，为下次交易打下基础。

2. 谈判的基本方法与技巧

客户种类很多，形形色色。在销售过程中只有了解客户心理，投其所"好"，投其所"需"，才有可能促成交易。但如何才能摸清客户心理呢？实践中主要通过观察和交谈弄清客户意图并引导其购买商品。

（1）洞悉客户心理

1）观察

一般来说，汽车配件经销店的客户进店来是特意购买某种配件，并对拟购配件的数量、规格、质量等心中早有打算。他们进店后目光集中，脚步很快，有的径直向柜台走来，有的则在店内东瞧西望寻找他所需购买的配件。他们临近柜台，一般直接表示来意，提出要求。对待这样的客户，销售员要主动招呼，先行接待，即使当时手中有交易，来不及立即接待，也要做到人未到话先到，不能让他们久等。当然也有的客户进店后犹豫不决拿不定主意，这种客户进店时脚步比较缓慢，目光比较集中，观看商品时比较仔细，看到某种商品后好像感兴趣，但当接近商品时，却若有所思显出犹豫的神色。引起这种心理的原因一般有以下几种可能：一是对商品质量、价格有疑虑；二是受别人委托购买，恐怕买得不理想；三是在几家商店之间比较选择而举棋不定。对这类客户，销售员不要急于与之讨论成交，而应热情地进一步了解他们的需要，设身处地为客户着想，当好客户的参谋。

2）交谈

俗话说："欲知心中事，但听口中言"，除了观察外，还要通过与其交谈揣摩客户心理，从言谈中了解他们的购买动机、性格和购买心理。

销售员在接待客户时，经常遇到有的客户坦率直言，寻求商品非常具体，而有的客户寻求的商品不是很具体。在购买过程中，坦率直言的客户，通常购买动机明确，问话简单，寥寥数语就结束了全部交谈，完成交易；而寻求商品不是很具体的客户，常常用不同的口吻问话，有时打听，有时疑虑，有时征询，销售员要细心观察客户的情绪，从客户的问话和与客户的交谈中，推测和弄清客户需要什么商品，以介绍推荐最合适的商品。

客户的脾气、性格容易在语言中表露。一般来说，说话比较明确、干脆的客户，其性格一般是豪爽明快的，接待时应迅速推荐介绍商品。快言快语的客户，其性情多数急躁，接待时注意帮助查看商品质量，既不让他久等，又使他能买到满意的商品。在接待客户时，销售员通过询问、交谈可判断客户的购买心理。如借助适当的问候，可了解客户的需求；从问购商品价格的神态，可判断客户是想立即购买，还是准备经过比较后再购买；听其口音能辨明是本地顾客还是外地顾客。销售员要根据客户不同的心理状态，采取不同的接待方法。

（2）营造和谐的谈判气氛

无论是在店堂接待顾客，还是上门推销商品，都会不可避免地要与客户交谈，如果交谈气氛融洽，则成交可能性就大，因此，应营造和谐的谈判或交谈气氛。在店堂接待顾客或上门推销等非正式场合，首先要精神饱满、面带微笑、眼迎顾客、点头致意；与顾客交谈时，语言文雅、谦虚、礼貌，应尽量避免与顾客争论，更不能争吵。如能设身处地为顾客着想，认真倾听顾客要求，为顾客提供热情服务，则交谈过程将是一个愉快的过程。当与客户举行较正式的谈判时，为创造一个良好的、合作的谈判气氛，在谈判开始前首先应以开诚布公、友好的姿态出现。如肩膀放松，伸出右手与对方毫不迟疑地相握。如果是我方迎接对方来谈判，一般以接待、让座、端茶和互致问候的礼仪进行，其次行动和说话要轻松自如，要表现出自信与可信，而不是慌慌张张、吞吞吐吐。有时可适当讨论些非业务性问题，这对调节紧张的谈判气氛尤其有效。

3. 处理客户意见分歧

（1）处理客户意见分歧的原则

在店堂接待顾客和上门推销商品时，不可避免地会与客户发生意见上的分歧或异议。作为销售员必须正确对待这种意见分歧，应本着为客户利益着想、不回避意见分歧、尊重客户意见、永不争辩等原则来对待或处理与客户的意见分歧。

●销售员只有从客户的立场出发，了解客户的问题，为客户提供帮助，满足客户的要求，充分说明客户所能获得的利益及程度，设身处地为客户着想，才能缩小与客户的心理距离，才有利于处理与客户的意见分歧。

●不要回避与客户的意见分歧，因为在消除这些分歧之前是不可能成交的。在交易过程中，客户的眼睛总是盯着商品的缺点，以使自己处于有利的交易地位，争取有利的交易条件。销售员必须了解自己商品的优点，并恰当地让客户认识到这些优点。

●与客户存在意见分歧并不可怕，关键是对这种分歧作出满意的答复，只有尊重客户意见，听清客户意见，才能有针对性地处理客户意见。

●销售员对客户的尊重，也是对自己的尊重，如果能认真倾听客户的不同意见，客户会感到受尊重，也比较容易接受销售员的观点，乐于听销售员的解说。

●在与客户洽谈过程中，销售员应尽量避免与客户争论，更不能争吵。当然不与客户争辩不是不敢否定客户的异议，在某些情况下，直接地否定客户异议，往往可以有效地吸引客户倾听，收到良好效果。永不争辩的原则需要把握一个合适的度，既要使对方注意到销售员的意见正确，又不使对方难堪而产生对立情绪。

(2) 处理价格分歧的方法

价格问题直接涉及客户的实际利益，是影响交易的最重要因素之一，也是销售人员经常与客户产生分歧之处，能否妥善处理价格异议，直接关系交易的成败。

有些客户出于目前尚无需求，已有购进渠道，或资金不足，支付能力有限等原因，以价格异议为借口，拒绝购买；还有一些客户认真地讨价还价，甚至进行比较激烈的争论。客户行为的动机主要有以下几个方面：客户只想买到便宜产品；客户想超过他的竞争对手或其他客户以更低的价格购买产品；客户想在讨价还价中击败销售员，以此显示他的谈判能力；客户想利用这种策略达到其他目的；客户想向众人露一手，证明他有才能；客户怕吃亏；客户把销售员的让步看作自己身份的显示和提高；客户根据自己的经验，知道讨价还价有好处；客户不了解商品的价值；客户想了解商品的真正价格；客户想从另一个供应商那里买到更便宜的产品；客户还有其他重要的意图，这些意图与价格没什么联系，而只是把价格作为一种掩饰。

正确地分析、把握客户在讨价还价的背后究竟是哪一种或哪几种动机在起作用，对于销售员妥善地处理与客户价格分歧是非常重要的。

价格分歧处理的基本方法如下：

1）强调相对价格

相对价格是与产品价值对应的价格。价格代表产品的货币价值，是商品价值的外在表现，商品的价格与其价值是相对应的。除非和商品价值相比较，否则价格本身没有意义。因此，在推销过程中，销售员不能单纯地与客户讨论价格的高低，而必须把价格与商品的价值联系在一起谈。从推销学的意义上说，商品的价值就是商品的特性、优点和带给客户的利益。事实上"便宜"和"昂贵"的含义并不确切，而是带有浓厚的主观色彩，在很大程度上，是人们的一种心里感觉，所以销售员不要与客户单纯讨论价格问题，而要把客户的注意力引向商品的相对价格，即商品的价值上来，把商品的特点、优点和带给客户的利益全部展示出来。销售员要通过介绍商品的性能、特点、优点、客户购买之后将获得的利益和好处，使客户最终认识到商品实用价值是高的，相对价格是低的。

2）先谈价值后说价格

如果客户购买了商品，就意味着他同时也要付出一定量的货币。客户在交易过程中，始终在衡量这种交换是否于自己有利。因此销售员要先让客户充分认识到产品的价值，购买能带给他的利益、方便和好处，只有激发起客户强烈的购买欲望，才能分散客户对价格问题的看法。在这之前，销售员不应该提及价格，而应采取"不问价不报价，问价才报价"的策略。同时，客户问价，如果时机不成熟，就尽量往后拖，如假装没听见或告诉客户"一会儿再谈"，或采用反问客户等方式使客户不能引起对价格的讨论。如果客户坚持要马上答复，也要讲清楚价格相对性的道理，然后把话题马上转移到商品本身的质量、特性、优点上来。另外还应注意报出价格后，不要向客户征询对价格的看法，也不要附加评论，因为这无疑是在提示客户注意价格。

3）强调优势

客户在购买或订货时，往往首先在价格上与同类产品进行比较，提出价格异议，诸如"你们的商品太贵了，某某的要比你们的便宜"等，这时销售员要引导客户正确看待价格差别，通过强调本企业商品的优势来化解客户的异议，可以从商品的使用寿命、使用成本、性能、维修、收益等方面对比分析，使客户认识到购买这种商品是明智的，相对于商品的价值，价格并不高。

4）让步策略

在交易过程中双方的讨价还价是免不了的，双方在讨价还价的问题上保持一定的弹性，是讨价还价得以进行的基本条件。价格上让步，对于销售员来说是常有的事，这也是消除与客户价格分歧的方法之一，因此，销售员应该掌握让步的原则和方法，主要如下。

- 不要做无谓的让步，让步应体现我方的原则和立场。
- 让步要恰到好处，使较小的让步能给对方较大的心理满足。
- 大问题力争让对方让步，小问题我方可考虑先让步。
- 不要承诺同等幅度的让步。
- 不要轻易让步，因为让步等于减少了利润，即使决定让步，也要使对方觉得得到让步不容易；一次让步幅度不宜过大，让步节奏也不宜太快，否则会使对方更加自信，得寸进尺。在价格异议处理过程中，当双方意见相差太远时，销售员不宜越权直接做主，应向上一级销售员汇报请示。

（3）商品质量、交货时间、售后服务分歧的处理

客户对销售员及其企业在交货时间、产品质量、规格、售后服务等方面提出不满，表示要中断双方的业务关系或暂停采购时的对策。此类分歧比较难处理，产生的原因也比较微妙，可能确实是由这些方面的原因造成的，也可能是由竞争对手的竞争造成的。对于确属本企业造成的原因，可以采取以下方法。

1）实事求是，不强调客观

如果用户提出的问题确实存在，过多的辩解和反驳，强调客观理由，不仅不会使对方接受，反而会使客户感到我方没有继续合作的诚意而不再维持双方关系。实事求是地承认，并说明出现问题的原因以及可以采取的措施，反而会让对方感到我方是可信赖的，这是取得客户谅解的关键。

2）不轻易许诺

当客户提出这类异议时，为了保住客户，某些销售员往往用许诺的方法进行处理，一旦许诺不能实现，客户必然会产生失望的感觉，矛盾将进一步加深，也就失去了作用。所以，在这种情况下，一定要慎用许诺，要多做实际工作，只有以实际工作而非许诺来满足客户时，友谊

才会得到长久的保持。当然不轻易许诺并不是绝对不许诺，而是少许诺多做实事，一旦给了客户许诺，就必须兑现。

3）有效地类比

有效地类比就是采用适当的比喻和类推的方法，将出现问题的原因向客户委婉地说明，以求得客户的谅解与合作，或运用幽默的口语技巧，避其锋芒，待对方冷静之后再解释说明。

对由于竞争对手造成的原因，应首先摸清对方采用了什么策略使客户的合作意向发生动摇，以便有针对性地加以处理。同时，向客户强调珍惜传统友谊的重要性以及失去这种合作的损失，以保持与客户的现有关系。

4）收集、反馈产品质量信息

近年来，市场上流行一种说法："谁最先掌握了信息，谁就抓住了商机"，对于汽车配件行业也不例外。销售员应从多种渠道收集产品质量信息，如维修企业的配件故障报告以及供货厂家售后部门的质量保修分析资料等就是不错的信息来源。通过收集整理这些信息，就能对配件的质量有较全面的了解；明确不同品牌和厂家配件产品的优缺点，从而在销售时能够有的放矢，突出产品的卖点。这些信息不仅要进行收集整理，还要及时地将其反馈给供货厂家，使供货厂家了解市场对其产品质量的需求，从而有针对性地加以改良，提高产品的质量。与供货厂家建立起良好的互利合作关系，是在配件经营中获得双赢的基础。

4. 促进交易成功的方法

汽车配件的销售与其他商品销售既有相似的地方，又有较大的差别。汽车配件的销售技巧与方法对提高销售业务有很大的帮助。

（1）选择成交法

当准顾客一再出现购买信号，却又犹豫不决拿不定主意时，可采用"二选其一"的技巧。譬如，推销员可对准顾客说："请问您要那部浅灰色的车还是银白色的呢？"或是说："请问是星期二还是星期三送到您府上？"此种"二选其一"的问话技巧，其实就是你帮他拿主意，让顾客选中一个，下决心购买。

（2）帮助顾客挑选

许多准顾客即使有意购买，也不喜欢迅速签下订单，总要东挑西拣，在产品颜色、规格、式样、交货日期上不停地打转。这时，聪明的推销员就要改变策略，暂时不谈订单的问题，转而热情地帮对方挑选颜色、规格、式样、交货日期等，一旦上述问题都解决，你的订单也就落实了。

(3) 试用法

当顾客想要买你的产品,可又对产品没有信心时,可建议对方先买一点试用看看。只要你对产品有信心,虽然刚开始订单数量有限,然而对方试用满意之后,就可能给你大订单了。这一"试用看看"的技巧也可帮准顾客下决心购买。

(4) 假设成交法

销售人员假定客户已经同意购买,通过讨论一些细节问题,从而促进交易成功。这种方法适用于老客户、中间商、决策能力较低的客户、表现出购买意愿的客户。这种方式避免了与客户谈论购买决策的问题,在一定程度上减轻了客户的心理压力,把顾客成交信号直接过渡到成交行为,大大提高了销售的效率。

(5) 优惠成交法

销售人员通过向客户提供比较优惠的条件而促进交易成功。这种方式利用客户求利的心理,吸引大客户、扩大产品影响力、加快交易成功和加快资金回笼。例如,销售人员对客户说:"如果您购买的数量大,我们将给您最大的优惠价。"但是长期使用这种方法势必会助长客户对优惠条件的进一步要求,造成恶性循环。所以,应用此方法时,销售人员应注意把握优惠的分寸。

一、填空题

1. 汽车的每一个零部件都具有严格的_____、_____和_____。
2. 汽车营销的职业守则是_____、_____、_____、_____、_____和_____。
3. 人员促销主要有_____、_____和_____三种形式。
4. 广告是_____运用中十分重要的组成部分,是运用最为广泛和最为有效的促销手段。
5. 推销的方法主要以_____、_____和_____为主。
6. 销售促进有_____、_____、_____和_____几种方式。

二、简答题

1. 常见的促销方式有哪些?

2. 汽车配件市场细分的原则是什么?

课题六 汽车配件市场调查与市场预测

知识目标

（1）了解汽车配件市场调查的意义和特征。
（2）掌握汽车配件市场预测的基本步骤。
（3）了解汽车配件市场预测的基本方法。

能力目标

（1）能够进行汽车配件市场调查。
（2）能够进行汽车配件市场预测。

任务一　汽车配件市场调查

我国汽车产业正处于迅速发展时期，呈现出市场需求量大，市场上推出的新车型多，市场竞争日趋激烈的态势。汽车配件业的发展也随着汽车产业的发展步入了一个新的、更加透明的、竞争更加激烈的阶段。在此形势下，汽车配件企业必须进行有效的市场分析，对市场的现状进行全面准确的调查，对未来的形势进行合理的预测，用以指导本企业经营，达到适应市场、服务于消费者以及整个企业发展的目的，这样才能使企业在激烈的市场竞争中立于不败之地。因此，汽车配件的市场调查与预测环节对于汽车配件企业的发展至关重要，汽车配件企业应该能够很好地把握好市场调查与预测环节，为配件企业的相关决策提供比较准确的参考依据。

一、市场调查的内容

1. 中国汽车零部件市场状况

前市场，主要是指汽车制造业和汽车的整车销售业；后市场，则主要是指汽车的维修保养、配件供应、美容养护和汽车改装等服务。这两个市场对汽车零部件的需求均十分庞大。汽车市场良好的产销状况无疑推动了零部件市场发展。汽车产业调整和振兴规划的出台以及汽车以旧换新、汽车下乡等优惠措施对汽车消费增长做出了一定贡献。汽车消费的增长拉动了国内汽车零部件及配件市场需求的增长。中国作为一个汽车大国，汽车保有量近年来迅速扩大。由于中国的汽车保有总量大，所以代表的后市场需求潜力相当大。二手车市场对零部件市场的需求旺盛，其持续繁荣有力带动了零部件市场的进一步扩张。随着整车销售市场的不断扩大，从其中分得一杯羹的零部件产业获利也必将随之增长。中国相关部门对节能与新能源汽车的技术路线已经基本形成了共识，即以纯电动汽车作为汽车工业转型的主要战略取向。

2. 汽车配件市场调查的含义

汽车配件市场调查就是运用科学的方法，有计划、有目的、系统地收集、整理和分析有关汽车配件市场营销方面的信息，得出调查的有关结论，并形成调查报告。具体来说，汽车配件市场调查是汽车配件生产企业、经销商对用户及潜在用户的购买力、购买对象、购买习惯、未来购买动向和同行业的情况等进行全面或局部的了解，弄清涉及企业生存和发展的市场运行特征、规律和动向，以及汽车配件在市场产、供、销方面的状况及其相关的影响因素。

3. 汽车配件市场调查的意义

- 当今困扰汽车配件企业发展的四大问题如下：
  - 多变的政策环境。
  - 急剧发展的汽车产业。
  - 客户需求水平的上升及多样性。
  - 强大的竞争对手。
- 为汽车配件企业营销战略的制定、市场营销组合的确立以及企业经营管理的改善提供科学依据。
- 使配件企业能够在复杂的市场环境中随时把握自己的经营方向，避免盲目性。
- 汽车配件市场调查已成为汽车企业取得良好经济效益的重要保证。

4. 汽车配件市场调查的基本要求

汽车配件的市场调查必须遵循一定的原则，只有在遵循一定原则的基础上进行的调查活动，才具有现实的指导意义。市场调查的原则，是指在决定、策划和进行市场调查活动时，应遵守的规范和标准，其主要是指市场调查活动的设计者、信息数据的收集者和处理者以及最终调查结果的提供者应遵守的行为规范和工作标准，是市场调查活动取得成效的重要保证。

（1）系统性原则

汽车配件市场调查的系统性原则，就是必须对整个汽车产业各方面的情况及其相互关系进行全面系统的调查，并且要对汽车产业内各要素的变化发展的因果关系进行调查。汽车配件市场调查，只有坚持系统性的原则，才能得出比较准确的调查结果。

（2）可信性原则

可信性原则就是要在市场调查的过程中，遵守真实的、实事求是的、可以令信息使用者相信的原则。汽车配件的市场调查是为了给汽车配件企业的决策提供一定的市场依据，如果获得的信息内容不真实，则可能对企业的经营决策产生误导作用，其危害性是不言而喻的。

（3）动态性原则

在市场调查活动中，必须用发展的、变化的、动态的观点去指导调查工作。特别是汽车产业，发展步伐快，环境变化快，作为汽车产业重要组成部分的配件行业，在进行市场调查活动的时候，更要把握动态性原则。

（4）经济性原则

在市场调查过程中，应尽量使用最低的成本和最短的时间获取最可信、最实用的信息，特别是对于汽车配件行业来说，由于利润空间在不断地压缩，因此有效地降低调查成本更具有现实意义。

（5）科学性原则

科学性原则是市场调查活动贯穿始终的一个重要原则，从调查计划的制订、调查活动的开展到调查结果的统计分析，都必须以科学的态度和方法进行。

5. 汽车零部件的销售渠道

（1）零部件品牌专营店管道

为了避免产品层层批发带来的价格混乱，并树立零部件品牌的良好形象，一些零部件厂商已经开始设立零部件品牌专卖店或授权经销商。在专卖店体系内，零部件产品执行统一销售价，这样就避免了不良价格竞争，而且产品品质和品牌形象都能够得到保证。

（2）汽修连锁店管道

汽车维修连锁店是集汽车维修、零部件销售以及快速养护为一体的综合性修理厂，成为以整车厂为主导的4S店模式的强有力竞争者和补充。4S店包含整车销售、零配件、售后服务、资讯回馈等，相当于专卖店，是由厂家统一设计，根据厂家的模式经营管理的。

（3）汽车配件网络化经营

据市场调查显示，网路行销意识最强的是乘用车生产厂商，80%以上的轿车生产厂商对网路行销十分重视，绝大多数都制定了专门的互联网行销战略；意识最弱的是汽车零部件的制造商，大约只有10%的汽车零部件公司有利用网路电子商务来为公司带来商机和品牌提升的意识。

1）汽车配件网络化经营

汽车配件网络化经营是指汽车配件销售企业采用互联网平台销售汽车配件及完善汽车配件销售的内部网络体系化。目前汽车配件经营模式还是以线下销售为主，主要通过传统的门店销售和电话销售的模式供应汽车配件。随着网络的兴起，很多配件经营店开始配合网络宣传的销售模式得到了很好的效果。汽车配件网络化经营的特色是销售商通过网络智能化管理库存量，客户网上查询、咨询、下单、物流跟踪等，与汽车配件销售相关的服务均可在互联网上实现。

2）汽车配件网络化经营的优点

首先，对于汽车配件生产企业来说，互联网可以更方便地收集顾客购买汽车配件过程中所提的各种问题，并及时将这些信息反馈给汽车配件生产企业。生产企业可以据此分析出顾客的购买意愿，从而尽早生产出符合市场需求的汽车配件。这样既节约了时间和费用，又抢得了市场先机。其次，利用互联网的信息和便捷服务，生产企业可以及时得知配件销售商的库存情况和销售情况，从而调整自己的生产和汽车配件调配计划。互联网汽车配件销售商可以给生产企业提供顾客实时实地的信息。事实上，互联网还可起到一定的广告促销作用。有了互联网的便捷服务，不仅节约了时间和费用，更重要的是，还可引起一种观念的变革，使汽车配件生产企业、销售商和顾客贴得更近。

3）汽车配件网络化经营是汽车配件营销的必由之路

中国汽车配件网络销售的发展应该适合中国的国情，走中国特色的互联网经营之路。如何结合中国的国情和互联网发展的特点，踏踏实实地去做一些实事，才是当今汽车配件网络经营发展的当务之急。中国的汽车配件电子商务和网络化经营必须走企业联合之路——网络公司与实体企业结合，实现机构调整以及采购、配送、财务、市场信息的重新构建，只有这样才是实实在在的互联网经营。传统企业一定要顺应互联网时代做出选择，网络化经营是汽车配件营销的必由之路和改革之路。

6. 汽配城

（1）汽配城面临的挑战

汽配城内所集中的经销商大多数是中小级别业者，其资金实力有限，不可能在短期内达到采购的规模化，从而在上游压缩成本，所以该模式将在未来竞争中处于成本劣势。汽配城内经销商大量聚集，供需双方往往不稳定，各经销商之间相互拿货现象相当普遍，直接影响了各配件经销商的获利能力。由于汽配城内部相互拿货以及各经销商本身的进货渠道混乱，市场内缺乏有力的监督体系，使汽配城内产品的质量品质以及售后服务无法得到有效的保证。国内汽配市场竞争的日益激烈，新型流通模式不断出现，汽配城的发展潜力非常有限，虽然不会被新模式完全取代，但影响力将逐渐下降。

（2）经营者积极探索出路

1）加大整顿力度

打击假冒伪劣产品，整顿散户等。

2）扩大规模

汽配城的区域性特征决定了其自身发展的局限性，而城城联营、自身扩建或自建新的汽配城能够为优秀经营模式的复制和汽配城的扩张提供可能。

3）优化商户组成

引进品牌生产商、经销商和汽配超市。品牌引进，提供优惠条件吸引与汽配城进驻商户产品互补品牌零配件生产商和经销商；品牌支持，建立品牌产品展销中心，帮助企业进行品牌宣传，并为品牌经销商免费提供经营管理、营销及相关政策法规的专门培训，加快其发展；品牌提升，品牌生产商、销售商业务得到快速发展，品牌形象不断提升，汽配城的影响力也由此提高，从而实现汽配城与引进汽配品牌的共赢。

4）多元化经营

建立汽车交易综合服务区。

5）汽车交易综合服务区的优势

汽车交易综合服务区的建立能够充分兼顾汽车生产企业、汽配件经销商、汽车修理企业和汽配城的利益需求。汽车生产企业谋求产品销售量的增加；汽配件经销商追求规模效应，降低物流成本；汽车修理企业欲增加业务量，降低服务成本；汽配城积极拓展新的市场发展空间。

7. 汽车配件市场调查的基本内容

（1）汽车配件市场环境调查

1）政策法律环境

政府有关汽车及其配件产业方面的方针、政策和各种法令、条例等都将影响汽车配件企业的经营活动。例如，汽车产业调整政策、汽车价格政策、汽车税收政策、汽车配件经营管理政策、人口政策和产业发展政策、环境保护政策等，都在一定程度上影响了汽车配件企业的经营决策。因此，汽车配件企业要随时调查了解汽车及其配件产业方面的政策法律环境动态，以便能及时调整自己的经营行为，适应政策法律环境的变化。

2）经济环境

地区宏观经济发展形势（如国民生产总值、固定资产投资规模、信贷规模、居民可支配收入水平等情况）、各种等级的公路建设情况等，这些因素均与汽车及其配件的需求量有着密切关系。地区各种行业发展的状况也会影响汽车品种（客车、载货汽车、轿车等）的需求，从而影响配件种类的需求。例如，我国的西部大开发，必然会刺激工程用车的需求，如载货汽车、集装箱车等，因此，配件经营企业可以向这类大型车的配件销售倾斜。随着开发的深入和经济的进一步发展，西部地区人民购买力的不断上升，大幅度增加了家用轿车及商务车的需求量。又如，珠三角地区，由于人均收入可观，私人轿车成为汽车消费的主流，占有很大的比例，在这样的情况下，肯定会刺激不同品牌轿车配件的需求量。

3）科技环境

目前，科学技术发展迅速，产品更新速度加快。特别是汽车行业，技术的发展以及车型的变化更加迅速。汽车配件企业必须对国内外汽车行业的技术、车型的发展速度、变化趋势、应用和推广等情况进行全面调查，以快速适应市场的变化，满足消费者不断变化的需求。

4）该地区汽车保有量增长情况

汽车保有量的增长与汽车配件需求量的增长是直接相关的。因此，汽车配件企业必须认真调查不同车型的保有量情况，以指导汽车配件经营企业确定目标市场。

（2）汽车配件需求调查

汽车配件的消费需求调查主要是为了了解配件消费需求量、需求结构和需求时间。

1）需求量调查

对于汽车配件销售企业而言，市场需求量调查，不仅要了解企业所在地区的需求总量、已满足的需求量、潜在需求量，还必须了解企业的销售量在该地区销售总量中所占的比例，即市场占有率，用公式表述如下：

$$市场占有率 = \frac{本企业汽车配件销售额}{该地区汽车配件销售总额} \times 100\%$$

市场占有率在一定程度上反映了企业在该地区的竞争能力，同时也反映了企业进一步扩大区域市场容量的可能性。

2）汽车配件需求结构调查

汽车配件市场调查不仅要调查汽车配件需求总量，而且还要对不同车型汽车配件的需求量以及各品种、规格的配件需求量（如各种规格的活塞、制动器、火花塞、发动机、变速器等的需求量）进行详细的调查。另外，还必须了解引起配件需求量变化的原因，并调查用户需求结构情况。

3）汽车配件需求时间调查

用户对于汽车配件的需求是有一定的季节性特点的，不同的季节会给汽车的使用性能带来不同的影响。例如，夏季天气炎热，汽车空调系统使用频繁，因而市场对空调系统的有关配件需求量较大；冬季由于温度低，起动困难，对发动机提出了较高的要求，因而对发动机的相关配件需求量较大，等等。在不同的季节，用户对汽车配件的需求种类及需求数量会表现出一定的差异性，配件企业必须对配件的需求时间进行认真调查，了解用户购买配件的具体时间及配件种类，使企业能根据用户需求的时间性特点安排企业要购进的配件品种、规格以及数量。

(3) 竞争情况的调查

市场竞争情况的调查对于汽车配件企业制定市场营销策略有着重要的影响。因此，汽车配件企业在制定各种重要的市场营销决策之前，必须认真调查和研究竞争对手的经营状况，并时刻注意竞争者的各种动向。具体的调查内容包括对竞争对手的优势、劣势、营销策略、销售情况、货源与销售方向、进销价格等的调查。

(4) 汽车配件企业自身营销组合要素调查

- 汽车配件企业所销售的配件的市场潜量及市场占有率，包括：顾客对本企业所销售配件的质量、价格、交货期以及工作人员的服务水平、人员形象及其他配套服务等的评价和要求，还有市场布局与结构、合作伙伴等。
- 影响汽车配件价格变化的因素，包括：汽车配件市场供求情况的变化趋势；汽车市场供求以及价格的变动趋势；汽车厂商各种不同的价格策略和定价方法对汽车配件价格的影响以及价格变动后顾客的反应。
- 汽车配件营销渠道的选择、控制与调整情况，包括：汽车配件市场营销方式的采用情况、发展趋势及其原因；销售代理商的数量、素质及其销售代理的情况，顾客对销售代理商的评价等。
- 汽车配件企业内部的经营管理水平、员工素质及物资设备、经营场所等情况。

二、市场调查的步骤

1. 调查准备阶段

调查准备阶段是调查工作的前期准备阶段。这一阶段非常重要，准备工作充分与否，直接关系到整个调查工作的成败。这一阶段要做如下几项工作。

(1) 确定调查问题与调查目标

为了保证调查能成功进行，首先要确定所要调查的问题。所要调查的问题既不可过于宽泛，也不宜过于狭窄，要充分考虑调查结果的实效性。在确定问题的基础上提出特定的调查目标。确定调查目标是调查中最重要也是最困难的任务，需先搞清以下几个问题。

- 为什么要调查。
- 调查中想要了解什么。
- 调查结果有什么用处。
- 谁想知道调查的结果。

汽车配件企业进行市场调查一般是为了解决经营中某些方面的问题，如新产品的市场前景、企业产品的市场占有率下降原因等。但是多数情况下，题目并不是很具体，只表现为企业的一个大致的意图，因而市场调查部门的首要任务是要确定调查的主题，找出问题的关键所在，把握住调查的范围，使整个调查过程围绕明确的调查目标展开；否则，便会使调查工作带有盲目性，造成人、财、物的浪费。

（2）拟订调查计划

拟订调查计划就是确定调查方案，其工作内容较多，包括确定调查项目、确定调查方式、估算调查费用、编制调查项目建议书和安排调查进度、编写调查计划书等。

① 确定调查项目

确定调查项目即根据已确定的调查题目具体设置调查项目。与调查目标有关的因素很多，但从有限的人力、时间、资金方面来考虑，不可能也没有必要把这些因素都设置为调查项目。调查项目越多，需要的人力、经费就越多，需要的时间也越长，因此要对诸多因素的重要程度进行比较，以决定取舍。在不影响调查结果的大前提下，还应综合考虑费用的多少、统计能力的强弱等因素。

② 确定调查方式

应根据调查项目来确定调查方式。调查方式的确定，包括确定调查地点、调查对象以及具体调查的方法。调查地点的选择要与企业的经营活动范围密切相关；对象的确定要以能客观、全面地反映消费者的看法和意见为宗旨；调查方法的选择要以最适合企业开展市场调查为原则。

③ 估算调查费用

调查目标、调查方法、调查项目的不同都不同程度地影响着调查费用的支出；而调查规模、方式对费用有着更为直接的影响。如何用有限的调查费用获得准确的调查结果，是市场调查部门应认真对待的问题，这就需要调查部门对调查所需的各项费用做出估算。调查部门应将费用的估算情况写在一份详细的调查费用估算单内。

④ 安排调查进度

合理安排调查进度是调查工作能按质、按期完成的有力保证。调查进度的安排要服从于调查质量，将各个调查项目具体化，明确把每一阶段所要完成的工作内容以及所需人力、经费、时间限定等都在进度表中表现出来。

⑤ 编写调查计划书

在进行正式调查之前，应把前4个步骤的内容综合并编成调查计划书，以指导整个调查工作的进行。

2．调查实施阶段

进行实际调查工作是市场调查方案的执行阶段。为了保证调查工作按计划顺利进行，必须事先对有关工作人员进行培训，而且要充分估计到调查过程中可能出现的问题，并要建立报告制度。

调查组织者应对调查进展情况了如指掌，做好控制工作，并对调查中出现的问题及时解决或采取补救措施，使调查按计划进行。在这一阶段内，调查者还必须具体确立收集调查信息的途径，因为有些信息可以从二手资料中获得，所以没有必要进行实地调查获取一手资料。当需要进行实地调查获得第一手资料时，应具体确定被调查对象或专家名单。

3. 分析总结阶段

（1）调查资料的汇总整理

首先应对资料进行鉴别筛选，以保证资料的可靠性和准确性，经过筛选后的资料要按内容进行分类和编码，并编制相应的统计表，以方便后面的统计处理工作。

（2）统计处理

在资料整理完之后，一般采用计算机进行统计处理。在市场调查中，计算机统计处理一般采用通用的 SPSS 或 SAS 软件来进行。在统计过程中，一般使用的统计方法有回归分析法及相关分析法等。

（3）提交调查报告

提交调查报告是市场调查的最后一步。调查报告是在整理资料、统计分析资料之后提出的有关调查结论，较全面地反映了调查的最终结果，为企业的经营决策提供重要的参考依据。调查活动结束后，调查工作小组还应对调查工作进行全面总结，交流有关经验，总结有关教训，便于以后能更好地开展市场调查工作。

三、市场调查的方法

常用的收集、调查客户的满意度、客户价值的方法有电话访问、在线访问/电子邮件访问、邮寄/传真调查表、集中小组调查、深度访谈五种方法。

1. 电话访问

企业内部的销售代表或专业的第三方调研公司的人员通过电话对客户进行有条理的访问。电话访问的优点在于它是人性化的、与客户直接的访谈，一般会有高的参与度。电话访问的缺点是由于拒绝率的上升而降低效率；委托第三方专业公司可能涉及较高的费用；更重要的是消费者越来越讨厌接到影响其生活、工作的电话，这使得电话访问越来越困难。

2. 在线访问

企业利用在线的调查、免费的网上文字评语、在线的调研收集客户的信息。在线访问的优点包括由于便利而有比传统邮寄调查更高的反馈率；对客户和公司都有成本上的优势；借助软件便于快速分析数据。在线访问的缺点是客户自己发起的在线访问有可能产生扭曲的结果；可能产生不准确的回复（自动回复系统通常自动寻找关键字而发送自动的回复），从而忽略客户顾虑中细微差别；除非绝大部分客户使用网上渠道提供反馈意见，否则收集的信息不完整。

3. 邮寄/传真调查表

公司通过邮寄或传真向抽样的客户进行调研。这种调研的优点包括由于被访问者有足够的时间回答问题而收集到精确的、高质量的问卷；可提供便于量化的结果；由于大批量邮寄而成本较低。这种调研的缺点是调研的完整性取决于被访者的意愿；由于回收率一般较低或迟缓而统计效果不佳。

4. 集中小组调查

集中小组调查是经过仔细选择邀请一定数量（6~15个）客户，在一个专业的调研主持人的帮助下了解与客户的满意度、价值相关的内容。这种调研的优点是根据提供的讨论指南和时间表对客户的偏好和顾虑有全面深入的了解；便于与客户建立良好的关系。这种调查的缺点是由于调研主持人的偏见而得到有曲解的结果；为了鼓励被调研者参与，每次小组座谈会的参与人数有限制；如果扩大抽样的人数，所投入的成本就会很高。

5. 深度访谈

深度访谈是一种无结构的、直接的、个人的访问，用于获取对问题的深层理解。深度访谈的优点是能更深入地探索被访者的内心思想与看法；可将反应与被访者直接联系起来；可以更自由地交换信息。这种访谈的缺点是能够做深层访谈的有技巧的调查员（一般是专家，需要有心理学或精神分析学的知识）是很昂贵的，也难以找到；由于调查的无结构性，调查结果十分容易受调查员自身的影响；其结果质量的完整性也十分依赖于调查员的技巧；结果数据常常难以分析和解释，因此需要熟练的心理学家来解决这个问题；由于占用的时间和所花的经费较多，因而在一个调研项目中深层访谈的数量是十分有限的。

任务二 汽车配件市场预测

市场预测是按照客观经济规律,根据已经掌握的具体资料,对市场过去和现状进行深入调查,并对市场的需求进行科学推测的一种方式。市场预测报告是描述市场预测结果,反映市场发展变化趋势的一种经济管理应用文。

预测是对未来事件的陈述。预测的是否准确,表述的是否清楚,取决于对市场的历史和现状的把握程度,这种把握要建立在大量的事实和统计数据之上。

一、市场预测的种类与原则

1. 市场预测的种类

市场预测报告的种类,可以从不同的角度来划分。
- 按预测的时间分,有短期预测报告、中期预测报告和长期预测报告。
- 按预测的范围分,有宏观预测报告和微观预测报告。
- 按预测的方法分,有定期预测报告和定量预测报告。
- 按预测的内容分,有综合性预测报告和专题性预测报告。

2. 市场预测的原则

(1)连续性原则

任何一个事物的发展都不可能与其过去的行为完全没有联系,即事物过去的行为不仅影响到今天,还会影响到未来。也就是说,任何事物的发展趋势都有一定的延续性。这一特征,通常称为"惯性现象"。同样,这种惯性也反映在市场上。尽管市场上供求关系千变万化,但未来市场的变化与发展,总是离不开过去和现在市场状况这个基础,并与今天的市场状况有许多相通或相同之处。遵循这种原则,通过对目标市场的变化方向、速度及有关资料的分析,就可以对未来市场的基本趋势进行预测。

(2)类推性原则

人们通过大量观察,发现许多事物的发展过程往往存在某些类似之处。"无独有偶"就是指这种现象。当我们发现某两个事物存在某些相似之处时,就可以根据某一事物推测另一事物的发展或变化趋势。例如，通过对发达国家汽车工业发展过程的分析，可以类推我国汽车工业的发展可能达到的速度及可能遇到的困难。

（3）相关性原则

任何事物的发展变化都不是孤立的，而是在与其他事物的相互联系、相互影响中发展变化的。这种相关性反映到市场上，则表现为市场需求和需求构成的发展变化。某一部门要发展，就必须要求其他部门提供一定量的物资产品，而它的发展也必然向市场提供更多的商品。这种互为条件、互相制约的结果，往往出现一定量的比例结构关系。由此可见，分析各部门、各产品之间的相互关系是一条重要的预测思路。

二、市场预测的基本步骤

1. 确定预测目标

明确目的，是开展市场预测工作的第一步，因为预测的目的不同，预测的内容和项目、所需要的资料和所运用的方法都会有所不同。明确预测目标，就是根据经营活动存在的问题，拟定预测的项目，制订预测工作计划，编制预算，调配力量，组织实施，以保证市场预测工作有计划、有节奏地进行。

2. 搜集资料

进行市场预测必须占有充分的资料。只有有了充分的资料，才能为市场预测提供分析、判断的可靠依据。在市场预测计划的指导下，调查和搜集预测有关资料是进行市场预测的重要一环，也是预测的基础性工作。

3. 选择预测方法

根据预测的目标以及各种预测方法的适用条件和性能，选择合适的预测方法。有时可以运用多种预测方法来预测同一目标。预测方法的选用是否恰当，将直接影响到预测的精确性和可靠性。运用预测方法的核心是建立描述、概括研究对象特征和变化规律的模型，再根据模型进行计算或者处理，即可得到预测结果。

4. 预测分析和修正

分析判断是对调查搜集的资料进行综合分析，并通过判断、推理，使感性认识上升为理性认识，从事物的现象深入到事物的本质，从而预计市场未来的发展变化趋势。在分析评判的基础上，通常还要根据最新信息对原预测结果进行评估和修正。

5. 编写预测报告

预测报告应该概括预测研究的主要活动过程，包括预测目标、预测对象及有关因素的分析结论、主要资料和数据，预测方法的选择和模型的建立，以及对预测结论的评估、分析和修正等。

6. 分析误差

预测是对未来事件的预计推测，很难与实际情况完全吻合，因而要对初步预测结果进行判断、评价。要进行误差分析，找出误差原因及判断误差大小，修改调整预测模型得出的初步预测值，或考虑其他更适合的预测方法，以得到较准确的预测值。

三、市场预测的方法

1. 预测市场容量及变化

市场商品容量是指有一定货币支付能力的需求总量。市场容量及其变化预测可分为生产资料市场容量预测和消费资料市场容量预测。生产资料市场容量预测是通过对国民经济发展方向、发展重点的研究，综合分析预测期内行业生产技术、产品结构的调整，预测工业品的需求结构、数量及其变化趋势。消费资料市场容量预测重点有以下三个方面。

（1）消费者购买力预测

预测消费者购买力要做好两个预测：第一，人口数量及变化预测，人口的数量及其发展速度在很大程度上决定着消费者的消费水平；第二，消费者货币收入和支出的预测。

（2）预测购买力投向

消费者收入水平的高低决定着消费结构，即消费者的生活消费支出中商品性消费支出与非商品性消费支出的比例。消费结构规律是收入水平越高，非商品性消费支出会增大，如娱乐、消遣、劳务费用支出增加，在商品性支出中，用于饮食费用支出的比例大大降低。另外，还必须充分考虑消费心理对购买力投向的影响。

（3）预测商品需求的变化及其发展趋势

根据消费者购买力总量和购买力的投向，预测各种商品需求的数量、花色、品种、规格、质量等。

2. 预测市场价格的变化

企业生产中投入品的价格和产品的销售价格直接关系到企业赢利水平。在商品价格的预测中，要充分研究劳动生产率、生产成本、利润的变化，市场供求关系的发展趋势，货币价值和货币流通量变化以及国家经济政策对商品价格的影响。

3. 预测生产发展及其变化趋势

对生产发展及其变化趋势的预测，是对市场中商品供给量及其变化趋势的预测。市场预测的方法很多，主要有以下几种。

（1）时间序列预测法

在市场预测中，经常遇到一系列依时间变化的经济指标值，如企业某产品按年（季）的销售量、消费者历年收入、购买力增长统计值等，这些按时间先后排列起来的一组数据称为时间序列。依时间序列进行预测的方法称为时间序列预测法。

（2）回归预测法

1）"回归"的含义

回归是指用于分析、研究一个变量（因变量）与一个或几个其他变量（自变量）之间的依存关系，其目的在于根据一组已知的自变量数据值来估计或预测因变量的总体均值。在经济预测中，人们把预测对象（经济指标）作为因变量，把那些与预测对象密切相关的影响因素作为自变量。根据二者的历史和现在的统计资料，建立回归模型，经过统计检验后用于预测。回归预测有一个自变量的一元回归预测和多个自变量的多元回归预测，这里仅讨论一元线性回归预测法。

2）回归分析的基本条件

应用一组已知的自变量数据去估计、预测一个因变量之值时，这两种变量需要满足以下两个条件：

第一，统计相关关系。统计相关关系是一种不确定的函数关系，即一种因变量（预测变量）的数值与一个或多个自变量的数值明显相关但却不能精确且不能唯一确定的函数关系，其中的变量都是随机变量。经济现象中这种相关关系是大量存在的。

第二，因果关系。如果一个或几个自变量 x 变化时，按照一定规律影响另一变量 y，而 y 的变化不能影响 x，即 x 的变化是 y 变化的原因，而不是相反，则称 x 与 y 之间具有因果关系，反映因果关系的模型称为回归模型。

另一种市场预测的分类方法可以分为定性预测和定量预测两大类。对于企业营销管理人员来说，应该了解和掌握的企业预测方法主要有以下几种。

①定性预测法

定性预测法也称为直观判断法，是市场预测中经常使用的方法。定性预测主要依靠预测人员所掌握的信息、经验和综合判断能力，预测市场未来的状况和发展趋势。这类预测方法简单易行，特别适用于那些难以获取全面的资料进行统计分析的问题。因此，定性预测方法在市场预测中得到广泛的应用。定性预测方法又包括专家会议法、德尔菲法、销售人员意见汇集法、顾客需求意向调查法。

德尔菲法是在20世纪40年代末期由美国兰德公司（RAND）首创并使用的，是西方发达国家比较盛行的一种预测方法。至今，这种方法已经成为国内外广为应用的预测方法，它可以用于技术预测和经济预测，短期预测和长期预测。尤其是对于缺乏统计数据而又需要对很多相关因素的影响做出判断的领域，以及事物的发展在很大程度上受政策影响的领域，更适合应用德尔菲法进行预测。这种方法是按规定的程序，采用背对背的反复函询方式。

首先，由预测主持人将需要预测的问题逐一拟出；然后，分寄给各个专家，请他们对预测问题填写自己的预测看法；最后，将答案寄回主持人。主持人进行分类汇总后，将一些专家意见相差较大的问题再抽出来，并附上几种典型的专家意见请专家进行第二轮预测。如此循环往复，经过几轮预测后，专家的意见便趋向一致，或者更为集中，主持人便以此作为预测结果。由于这种方法使参与预测的专家能够背靠背地充分发表自己的看法，不受权威人士态度的影响，因而保证了预测活动的民主性和科学性。

② 定量预测法

定量预测法是利用比较完备的历史资料，运用数学模型和计量方法来预测未来的市场需求。定量预测基本上分为两类，一类是时间序列模式，另一类是因果关系模式。

一、填空题

1. 市场预测必须建立在_____基础上。
2. 汽车配件市场调查的原则有_____、_____、_____、_____和_____。
3. 电话访问的优点在于它是由_____与_____直接的访谈，一般会有较高的参与度。
4. 汽车配件市场预测的原则是_____。
5. 汽车配件市场的预测方法主要有_____、_____和_____。

二、简答题

1. 简要概括汽车配件市场预测的基本原则。有哪些方法？

2. 什么是连续性原则？请举例说明。

3. 汽车配件市场调查有什么意义？

课题七 汽车配件索赔

知识目标

（1）了解索赔的目的及原则。
（2）掌握汽车配件担保索赔的注意事项。

能力目标

（1）能够对汽车配件索赔旧件进行快速处理。
（2）能够正确处理客户关于索赔的异议。

任务一 索赔目的和原则

由于诸多无法预计的原因，汽车及其配件的产品质量缺陷是不可避免的，因此汽车制造厂为汽车产品（包括整车和配件）提供了有条件的保修索赔。做好保修索赔工作，就可以避免这些质量缺陷给用户带来的不便与纠纷。同时，完善的保修索赔工作也是树立品牌形象，为营销和售后服务赢得市场的重要手段。

一、市场调查的内容

随着我国汽车产业的发展及汽车社会保有量的不断攀升，汽车及其零部件生产、销售逐年增长，于是在全国范围内出现了汽车及配件销售热。

目前有关法规还规定：机械产品实行谁销售谁负责的"三包"原则，在"三包"有效期内，产品出了问题，消费者可以凭购货发票及"三包"凭证办理修理、更换、退货手续。换货时，凡属残次品、不合格品或者修理过的产品，销售者均不得提供给消费者。换货后的"三包"有效期应从换货之日起重新计算，销售者应在购货发票背面加盖更换章，并提供新的"三包"凭证。

当车辆及其配件产品出现质量问题需要投诉时，消费者应及时向有关主管部门投诉。若是新车及配件产品的质量问题，应投诉于当地质量技术监督部门、消费者协会和司法机关等其中任何一个部门；若是车辆维修的质量问题，应投诉于当地主管维修的运管部门、质量技术监督部门、消费者协会和司法机关等其中任何一个部门。在进行产品质量问题投诉时，消费者应申请进行产品质量仲裁检验或质量鉴定。

通常情况下，消费者发现买到伪劣汽车配件产品后，应首先凭购货发票去找销售者解决。消费者与销售者发生纠纷时，应立即到当地消费者协会、行政管理部门等有关组织投诉。在投诉索赔时，要在交验购货凭证、"三包"凭证等书面材料、证据及消费者有关情况后，由有关部门给予仲裁处理。如处理不当，消费者也可依法向行政执法部门申诉或直接向人民法院提起诉讼，保护自身利益。

消费者购买汽车及其配件后，在使用1年时间内，除易损件（如制动摩擦片、轮胎等）及消耗件（如各类滤清器、各种油料等）外，机件产生故障，零部件不是由于使用不当而引起的损坏，可向汽车配件经销商或生产企业（特约技术服务维修站）提出索赔，要求赔偿损坏的零部件，免费修复车辆。即使是消耗件，如果是因为明显的质量问题引起过早磨损或损坏，消费者也可以向经销商或生产企业提出索赔。

二、汽车配件索赔的目的

索赔目的是对产品质量的担保，使用户对汽车企业的产品满意，对汽车企业的售后服务满意，以维护汽车企业形象，树立汽车企业信誉，进一步完善汽车配件供应体系，从而以优质的服务赢得用户的信赖。

三、汽车配件索赔的原则

近年来，由于汽车整车价格以及配件的销售价格不稳定，特别是进口汽车的整车价格和配件价格不统一，且变化幅度很大，因此承保金额也不一致。这样，就给保险汽车出险后的定损、理赔工作带来了很大困难。另外，由于没有统一的配件价格标准，所以理赔人员在定损时的尺度很难掌握，有时同样的车损，但保险金额差别很大，而部分损失赔偿时却一样对待，即使以比例赔偿，其差别也较大。为了解决这些实际问题，对于汽车配件费用的计算方法一般采用配件价值占全车价值的比例计算方法。

汽车配件理赔定损应注意以下几点：

- 百分比率是根据不论全车及配件价值怎样变化，而两者之间的比值基本不变这一原则制定的。
- 百分比率表是根据同期车价（计划价）和配件价（计划价）计算出的百分比率。
- 全车为100%，损毁件占全车的百分率是多少，以此赔偿计算损毁件占全车保险金额百分之多少，即以百分率乘以保险金额即损毁件比例赔偿金额。如果市场现行价超过以此法计算出的价值，则以计算金额赔付，如低于计算比例金额，则按现行价赔付，即以什么样价值保险就以什么样价值来赔付。
- 不同的维修项目在选择用什么类型的配件时，都需要严谨地考虑和合适地判断。质量、公平和经济责任都是必须考虑的问题，影响这些决策的主要因素包括：
  · 汽车的现值和全损限额。
  · 汽车使用年限、状况和行驶里程。
  · 原装件、旧件和替换件的可用性以及配件市场供应状况。
  · 配件库存状况。
- 顾客期望。

总之，汽车配件索赔工作中应遵守的原则是：诚信正直、公平公正、相互信赖、认真负责。

任务二 汽车配件的质量担保与索赔

一、鉴定质量故障责任和决定赔偿

由于车辆的运用条件复杂,因此车辆零部件使用过程中是否属于质量问题需要做出明确鉴定,并填写保修鉴定单。索赔工作不仅需要较为丰富的理论知识和实践经验,且应严格遵守质量保修规定,分辨是非,既要满足客户的要求,又不致使供货厂家造成不必要的损失。

1. 家用汽车产品的三包有效期相关规定

《家用汽车产品修理更换退货责任规定》(国家市场监督管理总局令第43号)中规定:

家用汽车产品的三包有效期不得低于2年或者行驶里程50,000公里,以先到者为准;包修期不得低于3年或者行驶里程60,000公里,以先到者为准。三包有效期和包修期自销售者开具购车发票之日起计算;开具购车发票日期与交付家用汽车产品日期不一致的,自交付之日起计算。

家用汽车产品自三包有效期起算之日起60日内或者行驶里程3000公里之内(以先到者为准),因发动机、变速器、动力蓄电池、行驶驱动电机的主要零部件出现质量问题的,消费者可以凭三包凭证选择更换发动机、变速器、动力蓄电池、行驶驱动电机。修理者应当免费更换。

家用汽车产品自三包有效期起算之日起7日内,因质量问题需要更换发动机、变速器、动力蓄电池、行驶驱动电机或者其主要零部件的,消费者可以凭购车发票、三包凭证选择更换家用汽车产品或者退货。销售者应当免费更换或者退货。

家用汽车产品自三包有效期起算之日起60日内或者行驶里程3000公里之内(以先到者为准),因质量问题出现转向系统失效、制动系统失效、车身开裂、燃油泄漏或者动力蓄电池起火的,消费者可以凭购车发票、三包凭证选择更换家用汽车产品或者退货。销售者应当免费更换或者退货。

2. 三包凭证

- 产品品牌、型号、车辆类型、车辆识别代号(VIN)、生产日期。
- 销售者的名称、地址、邮政编码、客服电话、开具购车发票的日期、交付车辆的日期。
- 生产者或者销售者约定的修理者(以下简称修理者)网点信息的查询方式。
- 家用汽车产品的三包条款、包修期、三包有效期、使用补偿系数。
- 主要零部件、特殊零部件的种类范围,易损耗零部件的种类范围及其质量保证期。
- 家用纯电动、插电式混合动力汽车产品的动力蓄电池在包修期、三包有效期内的容量衰减限值。
- 按照规定需要明示的其他内容。

二、服务站对汽车配件公司的索赔

1. 汽车配件索赔术语

盈——实际收到的数量大于装箱单的数量。
亏——实际收到的数量小于装箱单的数量。
错——装箱单中所订的汽车配件品种与实物不符。
损——收到的汽车配件是未被发现的损坏件。
易碎件——泛指玻璃、塑料等件。
不适合车型件——因汽车公司提供的目录错误,从而使服务站错订的不适合车型的汽车配件。

2. 配件保修索赔原则

配件的保修索赔原则是:在配件的保修索赔范围内给予保修索赔,而对不属于保修索赔范围内的配件,不能给予保修和索赔。

3. 汽车配件索赔范围

● 委托发运的汽车配件,到达服务站/大用户/专卖店后,包装没有破损情况下的盈、亏、错、损。
● 委托发运的汽车配件,到达服务站/大用户/专卖店后,如属汽车公司配件包装质量不合格而造成的损坏和丢失。
● 委托发运的汽车配件,到达服务站/大用户/专卖店后,包装破损情况下的盈、错。
● 服务站/大用户使用汽车配件时发现的质量不合格的配件。
● 因汽车公司提供的目录错误,而使服务站/大用户/专卖店错订的不适合车型的汽车配件。

4. 汽车配件非索赔范围

● 非汽车公司配件部门提供的汽车配件。
● 服务站/大用户/专卖店来人或指定人员自提所发生的盈、亏、错、损。
● 服务站/大用户/专卖店在修车使用汽车配件时,因违反装配工艺而造成的损坏。
● 凡在运输途中因外包装或被窃而造成的损失,服务站/大用户/专卖店可根据保险赔偿规定与运输部门协商解决,汽车公司可提供有关证明材料。

5. 汽车配件索赔规定及费用

● 严禁服务站/大用户/专卖店将不属于索赔范围的汽车配件报赔。
● 服务站/大用户/专卖店向汽车配件部门提出的盈、亏、错、损索赔,有严格的时间限制。一般规定在收到汽车配件15天之内将"索赔清单"和有关的材料向汽车公司配件部门寄发。
● 服务站/大用户/专卖店向汽车公司配件部门发出汽车配件质量问题的报赔,应对所发现的问题立即进行初步鉴定,将"索赔清单"和有关材料向汽车公司配件部门寄发。
● 汽车配件因损坏或质量不合格,服务站/大用户/专卖店提出索赔时,如果不需要更换总成,只要换个别零件就可以达到技术要求,或有如果某些汽车配件通过维修,不需要更换就能达到技术要求,汽车公司配件部门将不予以索赔。

● 索赔件包赔后,原件归汽车公司配件部门所有。

● 玻璃、塑料件等易碎件原则上不予以索赔,但可视情况考虑索赔;汽车公司承担索赔件、当时的供货价及索赔件返回汽车公司的运费,其他费用概不承担。

6. 汽车配件索赔鉴定

● 由服务站/用户/专卖店自己鉴定,汽车配件计划员如实填写"汽车配件索赔申请单"并申报。

● 由汽车公司售后服务科的现场代表到现场进行鉴定,写出鉴定报告和处理意见。

● 服务站/用户/专卖店订货计划员将索赔件返回汽车公司,由汽车公司配件部门有关人员及现场代表进行鉴定,写出鉴定报告和处理意见。

● 会同有关专家鉴定,写出鉴定报告和处理意见。

7. 保修索赔工作流程

(1) 保修工作流程

质量保修是售后服务的重要组成部分,各维修站和配件经销商都有各自不同的保修模式和保修条例。图 7-1 所示是典型的配件保修流程。

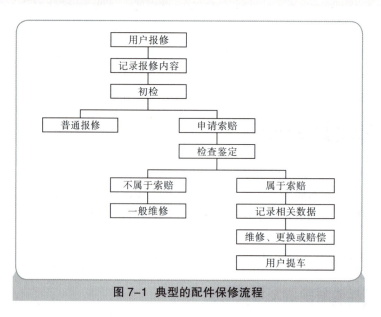

图 7-1 典型的配件保修流程

(2) 质量索赔工作流程

质量索赔属于质量保修范畴。在配件售出后,客户因产品质量问题或其他原因要求退货或赔偿就是索赔。某些厂家或维修站点都有专门的索赔员处理质量索赔。

索赔流程一般是:接受客户索赔,进行产品质量鉴定,处理争议以及办理索赔,索赔员根据本单位的索赔条例执行索赔程序。

近年来，随着汽车保有量的增加，汽车配件的质量问题也接踵而至，对汽车配件质量的投诉呈递增趋势。如果有客户前来索赔，一定要热情礼貌地接待，充分理解客户所表现出来的急躁甚至粗鲁的态度和言行。至于客户所反映的内容属不属于索赔范围，一定要辨别是非，进行质量鉴定。如果客户对鉴定结果存在争议，一定要运用丰富的理论知识和实践经验摆事实、讲道理，既要满足客户的要求，又不给企业造成不必要的损失。

最后一步就是办理索赔，填写索赔单，是修还是换，是折价赔偿还是全额赔偿，做出决定后给客户一个结果。在打印索赔单时，一定要注意保证处理结果准确无误，打印完成后，要让客户在索赔单上签字并要求其核对其所修项目。

以上介绍的索赔是客户针对配件经销商的索赔，接下来的是配件经销商针对客户的索赔如何向供货厂家交涉联系。比如，特约维修站必须准确及时地填写索赔申请单，并将索赔申请上报给总部，其他配件经销商同样也需将索赔申请单和质量检测结果的复印件发给相应的供货商，要求赔偿。

（3）配件索赔

用户自行付费且在服务站更换的零部件或总成，在保修索赔范围内出现质量故障，这类索赔情况属于配件索赔。提出这类配件索赔，必须在索赔申请表后附带购件发票的复印件。换件修复后还需要在更换配件的付费发票备注栏内，如实写明当时车辆已经行驶的公里数。

三、汽车配件质量问题的担保与索赔

1. 担保期

由汽车公司所属服务站售出或装上车辆之日起一定时期内，且行驶里程在一定范围内，达到两个条件中任何一个即超出担保期。

2. 担保索赔条例

在上述规定的担保期内，因质量问题造成的损坏，汽车配件公司可以提供免费调试或更换零部件，以恢复车辆的正常状态。如因质量事故造成客户的直接经济损失（车辆停驶造成的损失除外），本公司给予赔偿。

3. 担保索赔的条件

- 必须是在规定的保修索赔期内。
- 用户必须遵守《保修保养手册》的规定，正确驾驶、维护、存放车辆。
- 所有保修服务工作必须由汽车制造厂设在各地的特约服务站实施。
- 必须是由特约服务站售出并安装或原车装在车辆上的配件，方可申请保修。

4. 担保索赔范围

- 装配调试。

- 玻璃。
- 橡胶和塑料制品。
- 轮胎。
- 电瓶。
- 各类继电器。
- 灯泡、喇叭、点烟器、油水分离器等零部件。

5. 非担保索赔范围

- 因未按《使用说明书》要求使用和保养引起的损失。
- 因客户私自改装汽车或换装不属本公司提供的备件而引起的损坏。
- 常用消耗品（如润滑油、制动液、熔断丝、冷媒）和易损件（如空气滤清器、燃油滤清器、机油滤清器等）。
- 排气系统的锈蚀。
- 在非正常温度环境下放置或使用，汽车超载引起的零部件损坏。
- 由于客户选用不当的燃油、润滑油、防冻液、制动液或保养中没有采用规定材料而造成的故障。
- 由于发动机进水造成的故障。
- 在新车运送、交付、保管过程中，因不正确的操作造成零件丢失、锈蚀、碰撞等的损失。
- 对于变色、褪色、气孔、裂纹、凹痕、锈蚀和喷漆板件、内外饰件、橡胶制品等因日晒雨淋老化的情况，客户在提车时应及时提出担保要求，否则不予担保。
- 在担保期内，客户车辆出现故障后未经汽车公司（或汽车公司特约维修单位）同意继续使用车辆而造成的进一步损坏，汽车公司只对原故障损失负责，其余损失责任由客户承担。
- 车辆发生严重事故时，客户就地保护现场，并应保管好损坏零件，但不能自行拆卸故障车，经汽车公司鉴定确认后，将按规定支付全部担保及车辆拖运费用。
- 对担保期内的车辆未经汽车公司许可在非该公司汽车特约维修单位修车发生的费用及随之产生的损坏，汽车公司不予担保索赔。
- 由环境造成的损坏。
- 汽车公司对担保时车辆停用、住宿和租赁车辆的费用，其他旅行损失和商业损失等间接损失不予承担。
- 客户不能提交《保修手册》或证明所购车辆身份等有关凭证。
- 随车工具不予担保。
- 覆盖件及油漆涂层，有碰撞缺陷，不能实行担保。

四、配件担保应注意的问题

- 认真阅读使用说明书。
- 多了解汽车质量担保信息。
- 汽车改装应征得厂家同意。
- 按时做汽车保养。

任务三 索赔旧件的处理

一、质量情况反馈的规定

特约服务站直接面对客户,最了解客户的需求,掌握着第一手的客户信息、质量信息以及客户对汽车制造厂质量、服务评价的信息。因此,特约服务站反馈的信息是汽车制造厂提高产品质量、调整服务政策的重要依据。

每一个特约服务站都应该组织一个质量检查小组,由经理带领,会同索赔员、服务顾问、备件管理人员、车间主任和技术骨干,对进入特约服务站维修的所有车辆的质量信息进行汇总研究、技术分析、排除故障试验,并向汽车制造厂索赔管理部定期做出反馈。各特约服务站应做好以下工作。

1. 重大故障报告

各特约服务站在日常工作中如遇到重大的车辆故障,必须及时、准确、详尽地填写"重大故障报告单",并立即传真至汽车制造厂索赔管理部,以使汽车制造厂各部门能及时做出反应。

重大故障包括:影响车辆正常行驶的,如动力系统、转向系统、制动系统的故障;影响乘客安全的,如主、被动安全系统故障,轮胎问题,车门锁止故障等;影响环保的故障,如排放超标、油液污染等。

2. 常见故障报告与解决意见

各特约服务站应坚持在每月月底对当月进厂维护的所有车辆产生的各种故障进行汇总,统计出发生频率最高的10项故障点或故障零件,并对其故障原因进行分析,提出相应的故障解决意见。各站需在每月月初向汽车制造厂索赔管理部提交上月的常见故障报告和常见故障解决意见。

3. 用户情况反馈表

各特约服务站应在用户进站维修、电话跟踪等与用户交流过程中,积极听取用户对汽车制造厂的意见,并做相应记录。意见包括某处使用不便、某处结构不合理、某零件使用寿命过短、某处不够美观、可以添加某些配备等。各特约服务站需以季度为周期,在每个季度末提交用户情况反馈表。

二、索赔旧件处理规定

● 被更换下来的索赔旧件的所有权归汽车制造厂所有，各特约服务站必须在规定时间内按指定的方式将其运回汽车制造厂索赔管理部。

● 更换下来的索赔旧件应挂上"索赔旧件悬挂标签"，保证粘贴牢固并按规定填写好该标签，零件故障处需要详细填写，相关故障代码和故障数据也必须填写完整。索赔旧件悬挂标签由汽车制造厂索赔管理部统一印制，特约服务站可以向索赔管理部申领。

● 故障件的缺陷、破损部位一定要用红色或黑色不易脱落的颜料或记号笔做出明显标记。

● 应尽可能保持索赔旧件拆卸下来后的原始故障状态，一些规定不可分解的零件不可擅自分解，否则将视作该零件的故障为拆卸不当所致，不予索赔。

● 旧机油、变速箱油、刹车油、转向机用油、润滑油脂、冷却液等不便运输的索赔旧件无特殊要求不必运回，按当地有关部门规定自行处理（应注意环保）。

● 在规定时间内将索赔旧件运回。回运前索赔员需要填写"索赔件回运清单"，注明各索赔旧件的装箱编号。索赔旧件必须统一装箱，箱子外部按规定贴上"索赔旧件回运装箱单"，并把箱子封装牢固。

● 汽车制造厂索赔管理部对回运的索赔旧件进行检验后，对存在问题的索赔申请将返回或取消。

● 被取消索赔申请的旧件，各特约服务站有权索回，但需承担相应运输费用。

三、索赔旧件悬挂标签的填写与要求

● 应在悬挂标签上如实填写所有内容，保证字迹清晰和不易褪色。

● 如果遇到特殊索赔，在悬挂标签备注栏内一定要填写授权号。

● 所有标签应该由索赔员填写并加盖专用章。

● 保证一物一签，物和签要对应。

● 悬挂标签一定要固定牢固。如果无法悬挂，则用透明胶布将标签牢固粘贴在索赔件上，同时保证标签正面朝外。

四、索赔件的清洁和装运要求

● 发动机、变速器、转向机、制动液罐等内部的油液全部放干净，外表保持清洁。

● 更换下来的索赔旧件必须统一装箱，即相同索赔件集中装在同一包装箱内，并且在每个包装箱外牢固贴上该箱索赔件的"索赔旧件回运装箱单"，注明装箱号与索赔件的零件号、零件名称和零件数量，在规定时间由物流公司返运到汽车制造厂索赔管理部。

● 各个装箱清单上的索赔件种类和数量之和必须与"索赔件回运清单"上汇总的完全一致。

● "索赔件回运清单"一式三联，经物流公司承运人签收后，第一联由特约服务站保存，第二联由物流公司保存，第三联由物流公司承运人交索赔管理部。

一、填空题

1．索赔流程一般是_____。

2．_____原则上不予以索赔。

3．配件的保修索赔原则是在_____给予保修索赔，而对_____不能给予保修和索赔。

二、简答题

1．简要概括汽车索赔的程序。

2．索赔旧件的方式是什么？

3．怎样鉴定汽车配件索赔？

课题八
计算机管理系统在汽车配件营销中的应用

知识目标

（1）了解汽车配件管理系统的作用和功能。
（2）掌握汽车配件管理系统的分类。
（3）了解汽车电子商务的发展现状及趋势。

能力目标

（1）能够使用汽车配件管理系统进行订货管理。
（2）能够使用汽车配件管理系统进行入库管理。
（3）能够使用汽车配件管理系统进行出库管理。
（4）能够使用汽车配件管理系统进行库存管理。

任务一　汽车配件营销中的计算机管理系统

汽车配件管理系统是针对汽配企业配件的进销存、账款的结算等业务而专门开发的，包括配件销售管理、配件采购管理、配件仓库管理、收款付款管理等。从事汽车维修的企业业务中通常都包括配件管理业务，因此汽车维修管理系统也包含汽车配件管理系统的功能。

在实际运用中，大多数汽配企业也使用汽车维修管理系统，选取其中配件管理的相关功能。

由于市场上的车型较多，配件种类繁杂，单靠人工管理难以达到科学、准确、快捷的目的，因此越来越多的汽修汽配企业采用功能比较完善的计算机管理系统。

一、计算机在汽车配件管理系统中的作用

计算机具有存储量大、信息处理快速准确的特点，汽车维修企业和汽配经营企业使用计算机管理系统之后，能充分地实现企业人、财、物和产、供、销的合理配置与资源共享；能加快库存周转，减少采购和运输费用；能减少由于物料短缺而引起的维修工期拖延，确保维修承诺期；能保证企业的财务数据反映实际的成本及企业状况。

对车辆维修和零配件销售实现明码标价，代替自由度较大的手工打价，便于企业的标准化管理。

可以即时监控零配件的入库、出库、销售，便于企业做好零配件销售管理，实现合理库存。

可以详细准确地记录客户的基本情况和车辆的技术数据，便于企业做好客户服务管理和车辆维修管理。

可以量化员工绩效，使员工工资和本职工作挂钩，提高员工的工作积极性。

可以记录维修过程中的工艺流程，为车辆维修提供技术参考。可以利用互联网索取维修资料，接受维修培训，并可以在网上直接进行维修技术的求助及交流，解决维修资料缺乏、技术手段落后的难题。

二、汽车配件管理系统的功能

1. 基本功能

（1）维修接待

配件管理软件根据维修单估价，自动报出各项修理费用，记录顾客及维修汽车的信息，确定车辆的维修历史。

（2）维修调度

生产调度中心诊断故障、确定具体的修理工艺及项目，安排工作给各个班组，且进行跟踪检验。在车辆进行修理过程中，计算机跟踪记录各班组具体的维修工艺及材料、设备的使用情况。

（3）竣工结算

在竣工结算时及时提供结算详细清单，提供与客户车辆有关的各项修理费用、材料领用情况，生成、记录并打印修理记录单，处理修理费用的支付。修理车辆出厂后，车辆修理记录转入历史记录，以备今后使用。跟踪车辆竣工后情况，提供车辆保养信息。

（4）配件管理

计算机系统能完成订货入库、出库及库存管理，对修理车辆领用材料进行跟踪，科学分析各种材料使用量，确定最佳订货量，确定配件管理部门的应收、应付账款，保存准确的零部件存货清单等。

（5）财务管理

能对生产经营账目方便灵活地查询、汇总，如提成工资、库存总占用；查询应收、应付账目，及时处理账款；生成当日的营业日报表等。

（6）经营管理

企业负责人和管理人员可以随时查询各部门工作情况，对企业内各个工作环节进行协调、检查和监控，查看经营状况；对于网络运行环境进行设置，确定各个部门和环节使用权限及密码，保证未经过授权的人员不能使用不属于其范围的功能；对修理、价格及工艺流程进行监控；对竣工车辆及时进行车源分析。

2. 效能

- 对车辆维修和零配件销售实现明码标价，利于企业的标准化管理。
- 可以即时监控零配件的入库、出库、销售，便于企业做好零配件销售管理，实现合理库存。
- 可以详细准确地记录客户的基本情况和车辆的技术数据，便于企业做好客户服务管理和车辆维修管理。
- 可以量化员工绩效，使员工工资和本职工作挂钩，提高员工的工作积极性。
- 可以记录维修过程中的工艺流程，为车辆维修提供技术参考。
- 利用互联网，索取维修资料，接受维修培训，并可以在网上直接进行维修技术的求助及交流，解决维修资料缺乏、技术手段落后的难题。

三、汽车配件管理软件的种类

现在的汽车配件管理软件大致可以分为三类。

1. 汽车配件管理系统

汽车配件管理系统主要承担配件的流通管理，根据企业的性质不同，功能也有所区别。配件经销商所用的管理系统主要体现在销售管理、仓储管理以及账目管理三方面。维修企业的管理系统则增加了维修接待管理，该系统又在配件管理系统上加了两个主要的功能，就是整车销售管理和客户信息管理。

2. 汽车配件目录管理系统

任何一个零件都有其相对应的零件编号。零件编号就像人的身份证一样，每个零件只有唯一的一个编号。我们在描述一个零件的时候，最准确的方法是用零件编号去描述。零件编号在订货、库存、销售等各个环节都需要用到。正因为零件编号如此重要，所以人们设计了零件编号目录管理系统。

不同品牌的生产厂商都会提供给经销商不同的零件目录系统。使用配件目录系统后，配件就可以通过计算机很方便地查询到，并且以装配图等多种方式显示出来，替代了传统的查询零件手册的方式。

3. 汽车配件订购系统

当通过配件管理系统及配件目录系统生成订单后，我们就要向供货商订货，把正式的订单发给供货商。这就要用到配件订购系统。供应商在网上建立一个订购系统，实行实时订货。实时配件订购系统除了可以直接向供应商订购零件外，还可以实时查询供应商的库存数量，可以准确预测零件的到货日期。同时还可以查询零件替代状况、零件的价格以及订单的处理情况等。

目前，已开发并使用的汽车配件综合管理系统，配件的检索与显示已经做到了三维立体视图。用户可以观察零件的各个细节。配件的目录管理与流通管理、订购管理相结合，功能十分强大。

任务二　汽车配件库房管理系统

随着中国经济的快速增长，中国汽车的保有量逐年递增，汽车 4S 店的售后及仓库管理需要更加方便以及实用的管理软件。在汽车 4S 店仓库管理中需要实时采集，并根据需要及时地向相关的各部门传送各类信息，这对零配件供应、销售服务、质量监控、成本核算等都有着重要的作用。同时此数据对零配件的质量跟踪和售后服务有重要的意义。由于零配件管理数据属于动态信息，不仅数据量大，内容庞杂，且由于此数据不仅用于售后服务及质量监控等方面，同时还具有对零配件质量跟踪等功能，因而必须保证数据准确。符合行业的管理软件和计算机网络技术的应用为实现上述功能需求提供了可靠的保证，使为用户提供更公开、更快捷、更规范和更优质的服务成为各家汽车 4S 店面临的共同挑战。想要有效地解决上述问题，就必须引入更加高效的管理手段，其中实行计算机化管理就是一种有效的方法。

以 4S 店零配件仓库管理系统为例，介绍汽车配件管理的相关功能。

一、4S 店汽车零配件仓库管理系统分析

1. 汽车 4S 店业务流程分析

4S 店汽车零部件管理系统的业务主要是采购、销售信息的管理。汽车 4S 店各个部门把采购信息和销售信息输入系统，操作人员根据汽车 4S 店零部件信息控制采购和销售业务，计算机也会自动记录信息。

4S 店汽车零部件管理的特点是信息处理量比较大，所管理的信息包括全部汽车维修企业的信息和业务信息等单据的发生量特别大，关联信息多，查询和统计的方式各不相同。因此，在管理上实现起来有一定困难。在管理的过程中经常出现单据、报表的种类繁多，各个部门管理规格不统一等问题。

4S 店汽车零部件管理系统在设计过程中，为了克服这些困难，满足计算机管理的需求，采取了以下一些原则：

● 程序代码标准化，软件统一化，确保软件的可维护性和实用性。
● 删除不必要的管理冗余信息，实现管理规范化、科学化。
● 统一各种原始单据的格式，统一账目和报表的格式。

进行 4S 店汽车零部件管理系统业务流程图的设计，操作员或管理人员进入本系统后，进行一系列的操作过程设计。

2. 关于数据库

　　数据库是关于数据的信息的集合，也就是对数据流图中包含的所有元素定义的集合。任何数据最主要的用途都是供人查阅对不了解的条目的解释。数据库的作用是在软件分析和设计的过程中给人提供关于数据的描述信息。数据流图和数据库共同构成系统的逻辑模型，没有数据库，数据流图就不严格，然而没有数据流图数据库也难以发挥作用。只有数据库和对数据流图的精确定义放在一起，才能共同构成系统的规格说明。

　　系统开发时，常用名片的形式书写保存描述一个数据元素。下面给出系统的主要数据元素的数据库索引表格，如表 8-1 所示。

表 8-1　数据库的索引

列名	描述	位置	定义
配件编号	唯一地标识配件信息表的一个特定关键域	配件信息	配件编号
入库单号	唯一地标识汽车维修企业入库信息的一个特定关键域	入库单号	—
出库单号	唯一地标识汽车维修企业出库信息的一个特定关键域	出库单号	—
用户名称	用户指定条件下的系统用户口令表	用户信息表	—

二、配件业务模块功能介绍

1. 订货管理

　　对于客户维修的需求或购货的需求，库存不足时，所进行的订货为"销售"或者"维修"，对于补充常备库存进行的订货为"自订"。超越汽车配件管理系统提供了多种方法来辅助产生合理的补充库存的订货计划，如提供月均销售数、销售历史、在途数（以往订货未到数）、库存数、库存上下限等参考数据，并可以根据自己的需要，预设订货数生成公式，让电脑为您算出建议订货数。系统还提供了可以整批生成建议订单的"自动订货"功能。"客户专订"或"自订"的订单，先在"请购管理"中录入或产生，并向供应商询价，确认后再转为向供应商订货的正式合同。

（1）单击菜单

　　单击"配件业务"→"订货管理"→"请购管理"进入请购管理模块，如图 8-1 所示。单击"增加"按钮新开一张请购单，把所有信息填上之后单击"保存"按钮，确定之后单击"审核"按钮，请购单审核之后"转订货"按钮变成黑色（可用），单击"转订货"按钮之后系统就会生成一张没有审核的订货单。

（2）提交订单就可单击菜单

　　单击"配件业务"→"订货管理"→"订购管理"进入订购管理模块。单击"查询"按钮将已经下订的订货单提取出来，然后单击"审核"按钮将该订单审核。输出电子询价单即可输出 TXT/Excel/Html 等各种格式的电子文件，方便供应商的电脑系统直接读取，如图 8-2 所示。

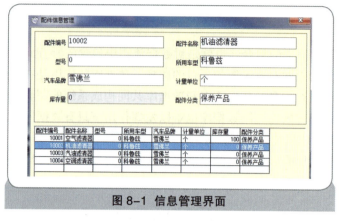

图 8-1 信息管理界面

图 8-2 配件信息检索

2．配件入库

系统提供的成本计算方式有"移动平均""先进先出""后进先出"三种成本管理模式。入库界面如图 8-3 所示。

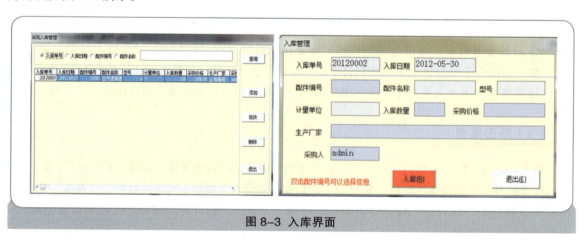

图 8-3 入库界面

（1）采购入库

现货购买或供货时间很短的进货业务，通常用"采购入库"解决。

单击菜单"配件业务"→"入库管理"→"采购入库"进入采购入库模块。具体操作与请购管理相同。入库单审核之后要到"财务结算"模块中进行结算。

"从 Excel 导入到货清单"：能从外部电子文件整批录入进库单。

"整批调价"：提供能按 FOB 价、成本价等整批调整进库单的成本价、售价等。

"从库存中提取配件入库"：能展开库存，读取相应的记录，入库审核时能合并到所选的库存记录。这个功能适合于非均价下因入库退货造成库存负数，使用该方法可将其冲掉，一般不建议使用。

（2）订货入库

订货单到货时，应通过"订货入库"处理。该模块提供了可从订货单成批或逐个提取到货记录的功能，并在审核时能自动将已到数写到原订单中，更新在途数；而为客户专订的到货记录即会自动转为预留出库单，并将到货数写入库存预留数中。

单击菜单"配件业务"→"入库管理"→"订货入库"进入订货入库模块。单击"增加"按钮新开一张订货入库单，然后再单击"提取"按钮将已经到货的订单提取出来。如果实到数和订货单上的数量或品种有差异，可单击"修改"按钮对订货入库单进行修改（一张订货单可以多次入库），完成之后单击"审核"按钮，到货配件就会马上加入库存，同时更新订单的已到货数。入库单审核之后要到"财务结算"模块中进行结算。

（3）赠送入库

"赠送入库"为他人赠送的货物入库。没有成本产生的入库可通过此功能来完成，具体操作与请购管理相似。

（4）代销入库

在代销业务中，超越系统引进了"代销库存"的概念，库存中每条记录都设置了一个"是否代销"的标记，当代销入库的货物更新库存后，会自动在库存中增加一条新的记录，并且在"是否代销"标志上打上"√"，并区别于本单位的库存，亦可作为查询、统计代销货物的识别标记。

在"代销入库"更新库存后，会根据入库供应商产生代销往来账，方便本单位跟代销单位进行代销结算，具体的操作在"财务管理""受托代销往来账""受托代销结算"模块中。

（5）其他入库

上文提到的四种入库方式之外的入库可通过其他入库来完成，具体操作同请购管理。以下为其他几种入库方式的说明：

调拨入库：主要应用于与分公司或上级公司之间的货物调拨。

借用入库：适用于同行之间的拆借业务。

初始入库：适用于超越系统初期建立库存账。

（6）入库退货

如货物入库并且审核后发现有质量等问题，要退给供应商，或发现录入错误，应立即进行入库退货处理。退货的提取方式有两种：一种是按照"整单提取"，一次性把入库单中的记录全部提取过来进行退货处理；另外一种是按照"逐项提取"，以入库明细来进行提取。每种入库方式对应一个入库退货。

单击菜单"配件业务"→"入库管理"，再根据需要退货的货物的入库方式选择相应的入库退货模块，具体的操作与订货入库相同。

3. 出库管理

配件出库界面如图 8-4 所示。

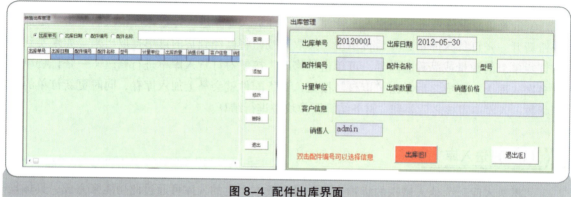

图 8-4 配件出库界面

（1）领料出库

领料出库是为了解决正在维修中使用的配件出库业务。依据在修的工单号或自编号，或通过提取在修工单出库，已完工的工单不允许出库。维修出库结算分为客账（客户自己付账）、内部账（本公司承担）、索赔账（向保险公司索赔）、保险账。以上各账，分别用 C、I、W、P 来表示。可预先设定各账类对应的配件价格公式，设定后，将所选定的账类按价格公式代入，并计算出销售价格。

下列几种情况系统会出现提示：当录入的价格低于成本价时；当录入的价格低于参数预设的警戒毛利率时；当该零件设定了特价标记时。在权限分配中，可设定每个操作员的最大折扣率（当超过限定的折扣率时）。具体操作与入库相同，出库的金额将在维修工单中和工时费一起结算。

（2）销售出库

销售出库是解决配件直接销售的业务。外销的配件通过此模块出库，具体操作与入库相同。销售出库单审核之后要到"财务结算"模块中结算。

（3）调拨出库

调拨出库是解决配件调拨出库的业务，如上下级或分公司之间调拨。它提供了将调拨单导出到电子文件的功能，但在调拨入库中暂未提供导入相应的电子文件的功能，这将在以后的升级版中提供。

（4）预留出库

预留出库是解决客户要求预留配件或未结算的出库业务，也可用于维修预留。客户专订的到货配件将自动生成预留单。当客户确定发生销售或维修领用时，可将其转为销售单或领料单，具体操作与入库相同。

（5）借用出库

借用出库是解决维修工借用或同行拆借的业务。当确定发生销售或维修领用时，可将其转为销售单或领料单，具体操作与入库相同。

（6）出库退货

出库退货和入库退货一样，也是每种出库方式对应一个出库退货模块，操作方法与入库退货相同。

4. 库存管理

超越汽车配件管理系统的库存结构，由库存主表及库存子表组成。为了解决非均价、先进先出或后进先出的管理需要，在库存子表中，同一货物/编码有可能存在不同进价、不同进货时间、不同供应商、不同批次或不同仓库位的多条记录。但为了方便查询，专门设计了库存主表，存放每种货物/编码的库存总数，并为了解决库存移动平均模式造成的小数点误差问题，系统还在库存主表中设计了库存成本金额字段。入库时，将入库成本金额加上去，出库时，减去成本金额。当最后一个配件出库时，系统自动将剩余的库存金额一起减去，并带到出库成本价中。

系统提供客户所需的多种库存信息如下：

可售库存数——可以直接销售的库存数量。
预留库存数——为客户预留的库存数量，或者为了应急而预留的安全库存。
借用库存数——借出的库存数量。
成本价——入库时更新，不能做手工调整，请参见入库关于库存管理模式的说明。
FOB价、售价、批发价、调拨价——入库时写入，但可以手工调整。
最近入库时间——最近一次入库时自动写入，可通过它了解配件的库龄。
最近销售时间——最近一次销售或领料出库时自动写入，可通过它了解库存的配件不流动时间。
仓库位——入库时写入，但可以手工调整。
批次——入库时写入，适合按批次管理的配件企业。
供应商——入库时写入，可记录每次入库的不同供应商。
是否代销——入库时写入，可将代销及自己的库存分开。

（1）库存浏览

库存浏览其实也是一个查询的模块，根据条件查询出想知道的配件的账面数、销售价等信息。
单击菜单"配件管理"→"库存管理"→"库存浏览"，可进入库存浏览模块。

（2）整批调价

此模块提供对库存及属性进行整批调价的功能，所调的价格包括零售价、批发价、调拨价、FOB价、备用售价1/2/3/4/5/6，但不能对成本价进行调整。

如需要对某一批具有共性的配件进行调价，可用该模块进行处理。

单击菜单"配件管理"→"库存管理"→"价格调整"可进入价格调整模块。进入该模块之后单击"增加"按钮新开一张调价单，然后按"提取零件"按钮，在弹出的提取零件对话框输入条件，将相应的配件提取出来；把需要调价的配件提取出来之后单击"调价"按钮，系统会弹出调价设定对话框，在公式项目栏上部可以看到字母"A""D""E"3个字母分别代表的三个价格，在公式项目栏下部可以看到生成调价公式的规则；在调价公式栏输入调价的公式，如需要在原来零售价的基础上将零售价调高20%就应该输入"A×1.2"，在公式栏下面的注释栏就可以看到相应的"零售价×1.2"。设好调价公式之后单击"确定"按钮，调价单上所有配件的零售价就会被调高20%；单击"保存"按钮。确定这次调价正式生效之后单击"审核"按钮，新的价格就正式生效了。

（3）移库管理

此模块用于库位的调整。仓库内部货物的移动称为"移库"。在移库管理模块中，将先生成申请记录，再通过审核才生效，实现了较规范的管理流程。

单击菜单"配件管理"→"库存管理"→"移库管理"，即可进入移库管理模块。如需要将一批配件从A库位移到B库位，可新开一张移库单，把需要移库的配件提取出来输入将要移到的目的库位，再"保存""审核"。详细的操作步骤可参照价格调整。

（4）库存盘点及盈亏管理

因库存账面数与实物数存在差异，所以需要对库存账面数进行调整，而这种调整称为"库存盈亏"。在本系统的"库存盈亏"模块中，将先生成盈亏申请记录，再通过审核才更新库存，实现了较规范的管理流程。

企业经营配件一段时间后，有时会发生一些人为的失误，如把配件的位置放错或者多发配件等，有时人为损坏或盗窃，造成了库存的账面数与实物账对不上，所以要进行库存的盘点。定期执行库存盘点有利于及早发现问题，并保证库存账的正确。

通常，在许多企业中，盘点工作一般都是停止营业进行的。因为如果在营业中盘点，货物不断发生进出变动，会影响盘点的正确性。对于某些库存品种较多的企业，利用加班时间盘点可能无法完成全部的盘点工作，个别企业每天都盘点当天发生进出的品种，然后在年底进行一次总的盘点。"盘点"的传统概念就是要"停止营业"来进行，能否突破这个观念，在营业中进行盘点呢？我们曾考察过国外一些企业，发现许多企业都在营业中盘点，原因是国外企业安排加班比较困难，即使加班企业也要付出很大的代价。

单击菜单"配件管理"→"库存管理"→"库存盘点及盈亏管理"进入库存盘点管理界面（见图 8-5）。先单击"增加"按钮，"盘点零件"按钮就会马上变成黑色（可用），否则为灰色（不可用）。再单击"盘点零件"按钮，将库存的配件清单打印出来。盘点完成之后如有配件的实点数与账面数不符，就在盈亏单上输入这些配件的实点数和账面数，系统会自动算出盈亏数，盈亏原因是必填的。完成所有工作之后单击"保存""审核"按钮，盈亏单上的配件可售数就会自动更新。

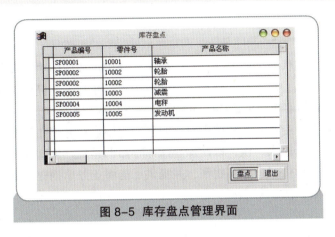

图 8-5 库存盘点管理界面

（5）库存修改

对库存中某些信息提供直接修改，如可直接修改"名称""型号"等属性，或修改"零售价""FOB 价""批发价"等，或修改"仓位"，并提供可直接修改"库存可售数""成本单价"和自动产生盈亏记录的功能。

（6）工具管理

该模块可以解决一些非配件物品的库存管理，例如维修企业中的维修工具、设备、书籍、文具等物品。

单击菜单"配件管理"→"工具管理"可进入相应的工具管理模块，具体的操作方法可参照配件部分。

（7）进出流水账

发生每一批影响库存数量的进、出、退货、盈亏等业务时，会自动将该业务的情况、发生时刻及发生后的结存记录到"进出流水账"中，方便核对库存进出及其平衡。

（8）结存管理

超越系统提供了每月结存处理的功能，能产生当月结存总账及结存明细账。结存报表包含上月结存、本月进货、本月出货、本月盈亏、本月结存等信息。理论上，上月结存 + 本月进货 − 本月出货 + 本月盈亏 = 本月结存。该报表要求保存下来，作为下月结存的依据。

（9）标签打印

标签打印模块能将仓库货物或将入库货物的编码自动转换为条形码，并连同数量、名称、仓位等打印在均匀分布的粘贴纸上，然后粘到货物上或货架上，便于出货或盘点时能用条码光枪来识别。

（10）仓库库存账

一般的管理系统只提供一个业务库存账，即业务开单审核后即更新库存，以便给业务运作提供即时的库存数。但是，对于仓库管理人员，业务库存账却不能提供确实的实物账，如业务开单审核，扣减了库存但客户尚未提货，那么实际的货物就会多出来。

对于管理要求较高的企业，已经意识到该问题，它们往往另外在仓库多安装一套系统，在实际货物发生进出时重新输入一次，以确保仓库库存账的正确。但这样会给仓库的工作带来很多麻烦。超越系统另外提供了仓库实物账，并提供了能将业务单据提取到仓库账中直接审核仓库实物账的功能，简化了仓库的工作。

（11）仓库库存审核

超越系统提供了通过提取业务单据来审核仓库库存的功能。

（12）仓库账与库存账的比较

超越系统提供了自动比较仓库实物账与业务库存账之间差异的功能，以便有利于监督和及时发现漏洞。

5. 基础资料

（1）零件属性

零件属性模块主要用于整理配件的属性，如编码、名称、车型、产地等信息。在整个配件管理部门的日常运作中，许多地方都需要用到零件属性。该模块的操作方式主要有"增加""修改""删除"等（见图8-6）。

单击菜单"配件业务"→"基础资料"→"备件属性定义"，可进入备件属性定义模块。

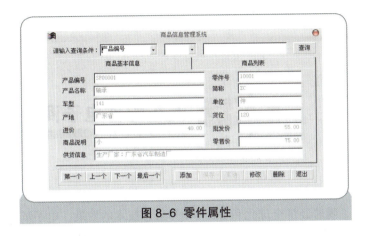

图 8-6 零件属性

(2) 互换编码

厂家因配件更新材料等原因会更改编码，或者某型号的配件能通用到其他型号上，这些能互换使用的编码称为互换编码。超越系统提供了自动识别互换编码的功能。

(3) 备件客户档案

备件客户档案模块用于管理配件客户的档案，具体操作和备件属性定义相同。

(4) 备件供应商档案

备件供应商档案模块用于管理配件供应商档案，具体操作和备件属性定义相同。

(5) 基本资料

①流动级别

因机械特性或市场原因等，不同的配件，其销售量会有所不同，建议根据其销售量划分为不同的级别来管理。

②价格级别

可以对配件分不同的价格级别来管理，以方便调价，如已设定了价格级别对应的加价率，并在配件属性中设定每个配件所属的价格级别，则在调价时，即可自动调用对应的加价率。

任务三 汽车配件电子商务应用

20世纪90年代，随着经济全球化和Internet等信息技术的发展，电子商务作为一种新的商务模式经历了从萌芽、发展到实际应用的过程。各大汽车厂商面对新的行业特点，适时在行业内引入了新的交易方式——电子商务，构建B2B电子商务平台。2000年2月，通用、福特、克莱斯勒公司放弃了孤军作战的方式，联合上万家汽车配件供应商建立了全球最大的电子交易市场，通过电子商务中心的网站与供应商联网，进行汽车配件的电子采购。随后，雷诺-日产、三菱、丰田、大众、宝马和沃尔沃等集团均实施了电子采购。目前，国外汽车厂商都已应用了计算机辅助供应链管理系统。世界级汽车制造商均实施EDI、ERP系统，实现了供应商、采购商和制造商之间的信息共享，产品系统设计、询价、订货、物流和结算等采购业务全在网上进行。

一、电子商务基本概念

简单地讲，电子商务是指利用电子网络进行的商务活动。

国际商会举行了世界电子商务会议关于电子商务最有权威的概念阐述：电子商务，是指对整个贸易活动实现电子化。从涵盖范围方面可将其定义为：交易各方以电子交易方式而不是通过当面交换或直接面谈方式进行的任何形式的商业交易；从技术方面可将其定义为：电子商务是一种多技术的集合体，包括交换数据（如电子数据交换、电子邮件）、获得数据（共享数据库、电子公告牌），以及自动捕获数据（条形码）等。

电子商务有广义和狭义之分。狭义的电子商务主要利用WEB在网上进行交易，称作电子交易（E-Commerce）；广义的电子商务包括基于WEB的全部商业活动，称作电子商业（E-Business）。目前，国内外汽车配件市场的主流还是以交易为核心的狭义的电子商务形式。

电子商务有以下优点：

- 电子商务将传统的商务流程数字化、电子化，让传统的商务流程转化为电子流、信息流，突破了时间、空间的局限，大大提高了商业运作的效率，并有效地降低了成本。
- 电子商务是基于互联网的一种商务活动，互联网本身具有开放性和全球性的特点，电子商务可为企业和个人提供丰富的信息资源，为企业创造更多的商业机会。
- 电子商务简化了企业与企业、企业与个人之间的流通环节，最大限度地降低了流通成本，能有效地提高企业在现代商业活动中的竞争力。

- 电子商务对大中型企业有利，因为大中型企业需要买卖交易活动多，实现电子商务能更有效地进行管理和提高效率。对小企业而言，因为电子商务可以使企业以相近的成本进行网上交易，从而使中小企业可能拥有和大企业一样的流通渠道和信息资源，极大地提高了中小企业的竞争力。
- 电子商务将大部分的商务活动转到互联网上进行，企业可以实行无纸化办公，节省了开支。

二、电子商务的分类

1. 商业机构之间的电子商务

商业机构的电子商务指的是企业与企业之间进行的电子商务活动。这一类电子商务已经存在多年，特别是企业通过私营或增值计算机网络采用EDI（电子数据交换）方式所进行的商务活动。

2. 商业机构对消费者的电子商务

商业机构对消费者的电子商务，指的是企业与消费者之间进行的电子商务活动。这类电子商务主要是借助于国际互联网所开展的在线式销售活动。最近几年，随着国际互联网的发展，这类电子商务的发展异军突起。目前，在国际互联网上已出现许多大型超级市场，所出售的产品一应俱全，从食品、饮料到电脑、汽车等，几乎包括了所有的消费品。

3. 消费者对行政机构的电子商务

消费者对行政机构的电子商务，指的是政府对个人的电子商务活动。政府随着商业机构对消费者、商业机构对行政机构的电子商务的发展，将会对社会的个人实施更为全面的电子方式服务。政府各部门向社会纳税人提供的各种服务，例如社会福利金的支付等，都会在网上进行。

4. 商业机构对行政机构的电子商务

商业机构对行政机构的电子商务指的是企业与政府机构之间进行的电子商务活动。例如，政府将采购的细节在国际互联网上公布，通过网上竞价方式进行招标，企业也要通过电子的方式进行投标。除此之外，政府还可以通过这类电子商务实施对企业的行政事务管理，如政府用电子商务方式发放进出口许可证、开展统计工作，企业可以通过网上办理交税和退税等。

三、汽车电子商务的发展方向

在信息网络时代人们的生活、工作、学习、娱乐等都更加快捷、方便，吃饭可以网上预订、工作可以网上投简历、生活可以网上缴费、娱乐可以网上团购等，这些无一不体现了信息网络的强大和价值。而在信息网络时代诞生的淘宝、天猫、京东、唯品会等也逐渐成为了消费群体购物的首选平台，此外还有近两年发展起来的微商、微店等。可见，在信息网络时代消费群体越来越倾向于网上购物。对汽车行业来说，若仅局限于传统的营销模式，显然是难以满足需求的。要吸引更多消费者，就必须融入信息时代大潮流，逐渐将营销渠道从实体店等传统营销模式转向网络营销，利用电子商务平台，为消费者提供更多信息和便利，大大节省了时间和成本。可见，未来汽车的电商化营销将会成为主流发展趋势。

此外，近几年来微信的迅速发展以及微商的迅速崛起也为汽车配件销售开辟了新的渠道，企业也可借助微信平台积极推出有价值的营销活动，吸引微信用户购买汽车产品。这也可作为汽车营销未来的主要发展方向之一。

一、填空题

1. 汽车配件管理系统可分为＿＿＿＿、＿＿＿＿和＿＿＿＿三类。
2. 退货的提取方式有＿＿＿＿和＿＿＿＿两种。
3. 订货管理系统还提供了可以整批生成建议订单的＿＿＿＿功能。
4. 只有＿＿＿＿和＿＿＿＿放在一起，才能共同构成系统的规格说明。

二、简答题

1. 电子商务分为哪几类？

2. 简述我国汽车配件电子商务现状。

3. 我国汽车配件电子商务采用了什么样的模式？

参 考 文 献

[1] 彭朝晖. 汽车配件管理与营销（第二版）[M]. 北京：人民交通出版社，2017.
[2] 黄敏雄. 汽车配件营销与管理[M]. 北京：人民邮电出版社，2017.
[3] 李金艳. 汽车及配件营销[M]. 杭州：浙江大学出版社，2016.
[4] 孙凤英. 汽车配件与营销（第2版）[M]. 北京：机械工业出版社，2016.
[5] 陈演. 汽车整车及零配件营销实用技术[M]. 北京：机械工业出版社，2015.
[6] 郑莺. 汽车配件与营销（第三版）[M]. 北京：中国劳动社会保障出版社，2019.
[7] 曹红兵. 汽车及配件营销（第5版）[M]. 北京：电子工业出版社，2018.
[8] 王杰，王文村. 汽车与配件营销[M]. 北京：人民交通出版社，2017.
[9] 娄洁. 汽车及配件营销（第2版）[M]. 武汉：武汉理工出版社，2015.